改訂

板書&イラストで
よくわかる

365日の全授業

小学校国語

6年 下

大江雅之 編著
国語"夢"塾 協力

明治図書

INTRODUCTION

はじめに

　小学校の国語科の授業時数は，１年で306時間，２年で315時間，３・４年で245時間，５・６年で175時間と定められており，時間割を見れば毎日のように国語の授業があるはずです。

　これだけの時間を使って子どもたちに国語の力を身に付けさせることが求められています。しかしながら，忙しい中，ゼロから教材研究を重ね，毎単元・毎時間の授業を組み立てていくのは至難の業です。特に，若い先生にとっては学校生活すべてがはじめてのことばかりでしょう。令和６年度から教科書も新しくなり，新教材の授業づくりに悩むこともあるかもしれません。

　そこで，下記を目指して本書を企画しました。

▶　朝，授業前にパッと目を通すことでいい授業ができるようになる本
▶　365日，国語の全授業が詰まっている本
▶　この１冊さえ手元に置いておけば安心！と思っていただける本

　工夫したのは，下記の３点です。

❖　板書例を実物イメージのまま掲載！
　　〜実際の板書イメージを大切に授業が見通せる〜

❖　授業の流れを４コマのイラストでビジュアルに！
　　〜今日の授業はココが肝！　教師のメイン発問・指示が分かる〜

❖　今日の授業のポイント
　　〜ちょっと先輩が「今日はココが注意」とささやくようなアドバイス〜

　本書を読み，先生方に国語授業の楽しさやコツを知っていただき，「話したくて，聞きたくて，書きたくて，読みたくてたまらない！」……そんな子どもたちがいる「夢の国語教室」が全国に広がることを願っています。

編著者一同　岩崎直哉（１年）宍戸寛昌（２年）藤井大助（３年）
河合啓志（４年）小林康宏（５年）大江雅之（６年）

本書の使い方

本時の準備物を押さえる
授業に必要な準備物を明記しています。

今日の授業の注意点が分かる
今日の授業のポイントは？
気を付けるべき点は？
そして，苦手さのある子がいる時にどう配慮するか，など配慮点をまとめてあります。
授業の要所を確認できます。

①／7時間 ［練習］見立てる／言葉の意味が分かること
準備物：全文の拡大コピー

●単元のめあてをしっかりと確認すること
　この単元は，二つの教材を使って説明文の要旨をとらえるための学習です。「単元のめあて」「学習する教材」「学習する手順」などを子どもと十分共有してから学習をはじめましょう。

●教材の位置付け
　「見立てる」は，題名の前に書かれているように，「言葉の意味が分かること」の学習に生かすための「練習教材」として位置付けられています。これまで身に付けてきたことを振り返りながら，要旨をとらえるための基礎をしっかりと学んでいくようにしましょう。振り返りでは，教科書p.12〜の「四年生で学んだこと」を読んだり，これまで習ってきた学習用語を確認したりします。

◇「見立てる」の構成表

構成	初め	中	終わり
段落	①	⑤④③②	⑥
要点			
大事な語や文			

❶単元のめあてや学習手順を確認する

「文章の要旨をとらえ，考えたことを伝え合おう」というめあてで「見立てる」と「言葉の意味が分かること」の二つの説明文をこれから読んでいきましょう。

単元の扉を開き，単元名やリード文を読みながら「今日から二つの説明文を読んで，筆者が伝えたいことはどんなことなのかをとらえる学習をしていきます」と話し，単元のめあてや学習手順を確認する。その際，教科書p.12〜の「四年生で学んだこと」を読んだり，これまで習った「筆者」「段落」「要点」「要約」といった学習用語を確かめたりする。

❷「要旨」という学習用語を学ぶ

「要旨」ってどういうことだろう。

「要旨」とは筆者が文章で取り上げている内容の中心となる事柄や，それについての筆者の考えの中心となる事柄のことです。

この単元で学ぶ「要旨」という学習用語の確認をする。教科書p.52欄外に用語の解説があるが，「説明文を通して筆者が私たちにどうしても伝えたいと考えていること」と説明してもよいだろう。

76　［練習］見立てる／言葉の意味が分かること

授業の流れが分かる
1時間の授業の流れを4コマのイラストで示しています。本時でメインとなる教師の指示・発問は ■■■■（色付き吹き出し）で示しています。**ココが今日の授業の肝です！**

忙しい！でも，いい授業がしたい！

授業準備の時間がないぞ…。

▼

『365日の全授業』は一目で授業づくりが分かる！

急いで確認！

▼

深くていい授業

読みが深まりましたね。

本時の目標と評価を押さえる
本時の主な目標と評価内容を示しています。

本時の目標	本時の評価
・単元のめあてを確認して，学習の見通しをもつとともに，「見立てる」を読み，およその内容と段落ごとの要点をつかみ，文章全体の構成を整理することができる。	・単元のめあてを確認して，学習の見通しをもつとともに，「見立てる」を読み，およその内容と段落ごとの要点をつかみ，文章全体の構成を整理している。

【練習】見立てる
言葉の意味が分かること

単元のめあてをつかみ，「見立てる」を読もう

○単元のめあて
　文章の要旨をとらえ，考えたことを伝え合おう
○学習する教材
　「見立てる」「言葉の意味が分かること」
○学習する手順
　①「見立てる」の学習をいかして「言葉の意味が分かること」の要旨をとらえる
　②「見立てる」を読んで，要旨のとらえ方を学ぶ

要旨 ＝ 筆者が文章で取り上げている内容の中心となる事がらや，それについての筆者の考えの中心となる事がら
　　　　筆者が読者にどうしても伝えたいこと

❸「見立てる」を読んで内容をつかむ

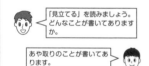

「見立てる」を読みましょう。どんなことが書いてありますか。

あや取りのことが書いてあります。

想像力のことが書いてあります。

教師がゆっくりと範読した後，子どもたちに何度も声に出して読ませ，およその内容をつかませる。短い文章なので繰り返し読ませることが大事である。読む時も何も考えずに読むのではなく，「どんな内容なのか」「筆者が伝えたいことってどんなことなのだろうか」を頭に置きながら読むようにさせる。また，黒板とは別のところに全文を拡大コピーしたものを掲示し，書き込めるようにする。

❹段落の要点をまとめ，構成を整理する

各段落の要点をまとめましょう。大事だと思われる語や文はどこでしょうか。教科書に線を引いてみましょう。

形式段落を確認してから，大事だと思われる語や文に線を引かせ，各段落の要点をまとめていく。その際，なぜその語や文が大事だと思ったかを言わせる。「～だ。」とか「～である。」とかという断定的な文末の箇所や繰り返し出てくる言葉などに気付いていたら取り上げる。それから「初め」「中」「終わり」の構成を整理し，次時にはこのことをもとに要旨をまとめていく学習をすることを予告して授業を終える。

第1時　77

板書が分かる
実際の板書イメージで，記す内容や書き方を示しています。具体的な授業の様子がイメージできます。

CONTENTS

目次

購入者特典について
本書の特典は，右のQRコード，または下記URLより無料でダウンロードできます。

URL ： https://meijitosho.co.jp/462631#supportinfo
ユーザー名：462631
パスワード：365KOKUGO6

はじめに

本書の使い方

第1章 授業づくりのポイント

1 指導内容と指導上の留意点 010
2 資質・能力をはぐくむ学習評価 014
3 国語教師の授業アップデート術 018

第2章 365日の全授業 6年下

秋の深まり 022
（1時間）

目的や条件に応じて話し合おう
みんなで楽しく過ごすために 026
[コラム] 伝えにくいことを伝える
（6時間）

話し言葉と書き言葉 040
（1時間）

古典芸能の世界 044
狂言「柿山伏」を楽しもう
（2時間）

筆者の工夫をとらえて読み，それをいかして書こう

『鳥獣戯画』を読む
発見，日本文化のみりょく
(10時間) ⸺ 050

カンジー博士の漢字学習の秘伝
(2時間) ⸺ 072

漢字の広場④
(1時間) ⸺ 078

物語を読んで考えたことを，伝え合おう

ぼくのブック・ウーマン
(4時間) ⸺ 082

相手や目的を明確にして，すいせんする文章を書こう

おすすめパンフレットを作ろう
(6時間) ⸺ 092

冬のおとずれ
(1時間) ⸺ 106

詩の楽しみ方を見つけよう

詩を朗読してしょうかいしよう
(2時間) ⸺ 110

書くときに使おう

知ってほしい，この名言
(2時間) ⸺ 116

日本の文字文化
［コラム］仮名づかい
(2時間) ⸺ 122

漢字の広場⑤
(1時間) ⸺ 128

目次 7

筆者の考えを読み取り，テーマについて考えを述べ合おう

「考える」とは
考えることとなやむこと
考えることを考え続ける
考える人の行動が世界を変える
（6時間）

使える言葉にするために
（1時間）

言葉について考えよう

日本語の特徴
（3時間）

書き表し方を工夫して，経験と考えを伝えよう

大切にしたい言葉
（6時間）

資料を使って，みりょく的なスピーチをしよう

今，私は，ぼくは
（6時間）

登場人物の生き方について，考えたことを話し合おう

海の命
（6時間）

漢字の広場⑥
（1時間）

卒業するみなさんへ

中学校へつなげよう
生きる
人間は他の生物と何がちがうのか
（4時間）

＊本書の構成は，光村図書出版株式会社の教科書を参考にしています。

第1章

授業づくりのポイント

Ⅰ 指導内容と指導上の留意点

❶ 下巻の収録内容

単元名	教材名	時数
	秋の深まり	1
目的や条件に応じて話し合おう	みんなで楽しく過ごすために [コラム] 伝えにくいことを伝える	6
	話し言葉と書き言葉	1
	古典芸能の世界 狂言「柿山伏」を楽しもう	2
筆者の工夫をとらえて読み，それをいかして書こう	『鳥獣戯画』を読む 発見，日本文化のみりょく	10
	カンジー博士の漢字学習の秘伝	2
	漢字の広場④	1
物語を読んで考えたことを，伝え合おう	ぼくのブック・ウーマン	4
相手や目的を明確にして，すいせんする文章を書こう	おすすめパンフレットを作ろう	6
	冬のおとずれ	1
詩の楽しみ方を見つけよう	詩を朗読してしょうかいしよう	2
書くときに使おう	知ってほしい，この名言	2
	日本の文字文化 [コラム] 仮名づかい	2
	漢字の広場⑤	1
筆者の考えを読み取り， テーマについて考えを述べ合おう	「考える」とは 考えることとなやむこと 考えることを考え続ける 考える人の行動が世界を変える	6
	使える言葉にするために	1
言葉について考えよう	日本語の特徴	3
書き表し方を工夫して，経験と考えを伝えよう	大切にしたい言葉	6
資料を使って，みりょく的なスピーチをしよう	今，私は，ぼくは	6
登場人物の生き方について，考えたことを話し合おう	海の命	6
	漢字の広場⑥	1
卒業するみなさんへ	中学校へつなげよう 生きる 人間は他の生物と何がちがうのか	4

2 指導のポイント

知識及び技能

「知識及び技能」に関する目標は，全学年共通となっています。

> (1)日常生活に必要な国語の知識や技能を身に付けるとともに，我が国の言語文化に親しんだり理解
> したりすることができるようにする。

　第6学年は，下の学年を率いたりまとめたりする場面が多くなり，地域の方々や中学校との交流など，目上の人物との関わりも増えてきます。日常生活において関わる人物が増え，国語の知識や技能が必要とされる場面が顕著に多い学年ともいえるでしょう。よって，「実生活に生きる国語」の時間を創る必要性が生まれてきます。

　「知識及び技能」の指導事項のうち，特に充実を目指している内容は，「語彙指導」「情報の扱い方に関する指導」ととらえられます。「語彙指導」についての高学年の内容は次の通りです。

> オ　思考に関わる語句の量を増し，話や文章の中で使うとともに，語句と語句との関係，語句の構
> 成や変化について理解し，語彙を豊かにすること。また，語感や言葉の使い方に対する感覚を意
> 識して，語や語句を使うこと。

　高学年では，「思考に関わる語句」が取り上げられ，話や文章の中で使うことが求められています。先に述べた実生活に必要な国語として，指導を充実させることが必要です。

　「秋の深まり」「大切にしたい言葉」の言葉の学習における指導例では，言葉や語句に焦点化する場面からその後の活動につなげていく学習の展開が示されています。語句の使用や語感の表現について気付かせ，自身の表現に使用語彙として取り入れる「実生活に生きる国語」としての機会を設けています。

　「情報の扱い方に関する指導」についての高学年の内容は次の通りです。

> ア　原因と結果など情報と情報との関係について理解すること。
> イ　情報と情報との関係付けの仕方，図などによる語句と語句との関係の表し方を理解し使うこと。

　第6学年では，原因と結果の関係に気を付けて文章を読むことや，原因と結果が明確に整った文章を書くことが重要であるととらえられます。また，情報同士を関係付けながら，分類や整理をし，組み合わせについて検討したりするなど，表したい方向に向かって情報や語句を考えながら活用していくことが求められています。

　「知ってほしい，この名言」の指導例では，集めた言葉を設定した観点をもとに図に整理し，自分が紹介したい名言を選ぶ判断材料にするという「実生活に生きる国語」としての学びを構築する例が示されています。

第1章　授業づくりのポイント　11

思考力，判断力，表現力等

①話すこと・聞くこと

〔思考力，判断力，表現力等〕の「Ａ　話すこと・聞くこと」に関して，高学年の話すこと・聞くこと（構成の検討，考えの形成）の指導事項は次の通りです。

> イ　話の内容が明確になるように，事実と感想，意見とを区別するなど，話の構成を考えること。

中学年においては，話の中心を明確にすることが主でしたが，高学年においては，事実と感想，意見の関係が聞き手に分かりやすく伝わるように，話の全体の構成について考えることが重要であることを示しています。特に第6学年においては，客観的な事実と伝えたい思いや考えという観点から情報を整理するという学習過程が大切です。「今，私は，ぼくは」の指導例では，その学習過程が示されたスピーチの内容構成を考える授業が展開されています。

第6学年ともなると，人前や大人数の前で話すことを恥ずかしがり，ためらうような素振りを示すことも多くなります。そこで，話すこと・聞くこと単元だけではなく，生活を送ることそのものが「話すこと・聞くこと」の連続であるという意識をもって指導に当たる必要があるでしょう。日々の積み重ねで力を磨き，小学校の集大成である卒業式での音声表現につなげていくという「実生活に生きる国語」としての道筋が大切です。

②書くこと

〔思考力，判断力，表現力等〕の「Ｂ　書くこと」に関して，高学年の書くこと（構成の検討）の指導事項は次の通りです。

> イ　筋道の通った文章となるように，文章全体の構成や展開を考えること。

相手に伝えたいことを分かりやすく伝えるためには，筋道の通った文章を書くことが重要です。特に第6学年では，どうすれば筋道の通った文章を書くことができるのかという具体的な指導や，構成の段階で筋道立てた組み立てを考えておくという学習の場面が必要となります。「おすすめパンフレットを作ろう」の指導例では，それを踏まえて「書く題材の設定→取材・集材→選材→構成→記述→推敲」の過程をたどる学習過程を設けています。

第6学年は，卒業文集や学校新聞等，文章表現の機会が多いことも特徴です。年度当初から卒業時まで続く「書く」機会一つ一つについて子どもたちに目的を明確に伝えることや，苦手意識を感じさせないように一人一人の表現のよさを見付け，認めることを大切にしていきます。そして，「実生活に生きる国語」として，自分を表す表現物に「書くこと」の国語の授業がつながることを意識させて進めていきます。

③読むこと

〔思考力，判断力，表現力等〕の「C　読むこと」に関して，高学年の読むこと（共有）の指導事項は次の通りです。

> カ　文章を読んでまとめた意見や感想を共有し，自分の考えを広げること。

低学年では「共有すること」，中学年では共有したうえで「一人一人の感じ方などに違いがあることに気付くこと」，高学年では，共有し違いに気付いたうえで「自分の考えを広げること」が指導事項となっています。特に第6学年では，難解になる物語文や説明文の読みの学習の中で，各々が読み取った事柄を共有したり吟味したりする全体の話し合いの場面が重要となります。全体での話し合いは，一人一人の狭い読みでは届かない解釈や理解の域に到達させることができる可能性をもっています。

「海の命」の指導例では，あえて一般的ではない読みを示し，子どもたちに読解を通して反証させる展開を設定し，全体での深い内容理解に結び付けて自分の考えを広げていく展開となっています。一人一人の内容の理解を深め，考えを広げていくために，全体の話し合いでの教師のコーディネートは一人一人の理解度の把握をベースに，適切に進めることが大切となります。

3　苦手さのある子どもへの配慮

「話す・聞く」ことの苦手さを払拭するには，既習を生かした表現活動であることを意識させることが大切です。その「話す・聞く」単元は，はじめて出合う学習なのではなく，これまで学習してきた単元が元になっていることを伝えます。具体的に新しく出合う単元のどの部分が，既習の単元のどの部分に当たるのかを示します。そうすることによって出合う単元の見通しをもたせることができます。本書に掲載されている「今，私は，ぼくは」では，スピーチの構成として，これまで学習してきた論の展開方法である「頭括型」「尾括型」「双括型」を確認させて構成を選ばせる内容になっています。卒業を前にした時期に，自分を見つめることをねらいとしていますが，これまでの既習が元になっています。

「読む」ことの苦手さを払拭するには，型を明示して読み取ったことを一つの言葉や文にまとめさせることが有効です。型を明示しない場合，読み取った内容を文章で表現するために「読み取らなければならない」「文章で表さなければならない」という二重の思考が必要になり，思考が停止してしまう場面が見られます。そこで，型を明示することによって，表現することのハードルを低くします。「中学校へつなげよう／生きる／人間は他の生物と何がちがうのか」の指導例では，筆者（作者）が伝えたいことを，これまでに読み取ったことを土台に，「筆者（作者）にとって「生きる」とは〇〇だ」という型にまとめる展開となっています。それぞれの「読み」を端的に示させて小学校6年間の最後の学習を締めくくっています。

第1章　授業づくりのポイント　13

2　資質・能力をはぐくむ学習評価

■ 2017年学習指導要領改訂を踏まえた学習評価

　今回の改訂で，子どもたちに育てることが求められているものは「資質・能力」です。

　では，学習指導要領で示されている資質・能力とは一体何でしょうか。学習指導要領解説を見ると資質・能力は次のように説明されています。

　　ア　「何を理解しているか，何ができるか（生きて働く「知識・技能」の習得）」
　　イ　「理解していること・できることをどう使うか（未知の状況にも対応できる「思考力・判断力・表現力等」の育成）」
　　ウ　「どのように社会・世界と関わり，よりよい人生を送るか（学びを人生や社会に生かそうとする「学びに向かう力・人間性等」の涵養）」

　読んでみると，資質・能力とは，「何ができるか」「どう使うか」「よりよい人生を送るか」といった言葉に示されているように，授業で学習したことがその時間の中で完結してしまうのではなく，その後も生かしていくことを志向するものであることが見えてきます。

　ここで，国語の授業を思い浮かべてみましょう。

　4年「ごんぎつね」の最後の場面，ごんを撃ってしまった兵十は「ごん，おまいだったのか，いつも，くりをくれたのは。」とごんに語りかけます。ごんはぐったりと目をつぶったままうなずきます。そこで，私たちは，「ぐったりと目をつぶったままうなずいたごんはどんな気持ちだったのだろう」という学習課題を設定し，ごんの嬉しさ，切なさについて読み深めていきます。教室は，ごんの嬉しさ，切なさへの共感に包まれます。

　ただし，この授業の評価が，登場人物の気持ちの想像だけにとどまっていたとすると，資質・能力の育成がなされたとは言い難いのです。

　「子どもたちは本時を通して，何ができるようになったのでしょうか。」

　この問いに対して答えられるような授業，そして評価規準が設計されていなければならないでしょう。

　例えば，子どもが，まとめに「兵十のごんに対する呼び方が，それまで『ぬすっとぎつね』と悪い言い方をしていたのが『おまい』っていう友達に言うような言い方に変わったので，友達のように思ってもらえてごんはうれしかった」ということをノートに書いていれば，この子は，名前の呼び方の比較をすることで登場人物の心情の変化を想像することができるようにな

ったことを見取ることができます。

　当然，子どもが「名前の呼び方の変化を比較する」という見方・考え方を働かせるためには，教師の働きかけが必要となります。

　授業の位置付けにもよりますが，1時間の活動の中で，子どもたちが学習課題を達成することとともに，何をできるようにさせたいのかを具体化して，授業を設計し，評価の俎上に載せていくことが，資質・能力の育成を目指す授業づくりでは大変重要です。

2 「知識・技能」にかかわる指導と評価

　「知識・技能」にかかわる評価について，国立教育政策研究所教育課程研究センターが出している「『指導と評価の一体化』のための学習評価に関する参考資料」（以下，参考資料）には以下のように記載されています。

　　「知識・技能」の評価は，各教科等における学習の過程を通した知識及び技能の習得状況について評価を行うとともに，それらを既有の知識及び技能と関連付けたり活用したりする中で，他の学習や生活の場面でも活用できる程度に概念等を理解したり，技能を習得したりしているかについても評価するものである。

　「知識及び技能の習得状況（下線：筆者）について評価を行う」という箇所は，これまでもよく行われてきたことだと思います。例えば，ひんぱんに行っている漢字テストなどは，その典型です。

　一方で「他の学習や生活の場面でも活用できる程度に概念等を理解」という点については，あまりなじみがないという先生も多いかも知れません。要するに，知識・技能の点においても，「何ができるようになるか」ということが大切にされているということです。

　では，実際には，子どもたちのどのような姿を見取っていけばよいのでしょうか。

　大まかに言えば，子どもが学んだ知識・技能を，実際に用いる場面を設ける，例えば，文章を書いて，自分の意見の説明をするという場面を設けるということが挙げられます。

　案内の手紙を書く活動を行う3年上「気持ちをこめて，『来てください』」の教材を学習していく場面を例にとって説明します。

　授業の中で，敬体と常体が混在している手紙，常体だけの手紙，敬体だけの手紙を比較させるなどをして，知識・技能の指導事項「丁寧な言葉を使うとともに，敬体と常体との違いに注意しながら書くこと。」（(1)キ）を指導します。

　その授業の中で，子どもは敬体を使って，案内の手紙の一部を書いたとします。

　子どもが書いたものから，学んだ知識・技能を，実際に用いる姿をとらえ，評価していくことができます。

第1章　授業づくりのポイント　15

3 「思考・判断・表現」にかかわる指導と評価

　国語科の場合は、これまで「話すこと・聞くこと」「書くこと」「読むこと」という領域での評価でしたが、まとめて、「思考・判断・表現」となりました。そうなると評価の在り方がずいぶんと変わるのではないかという不安をもってしまいます。

　けれども、「思考・判断・表現」というのは、〔知識及び技能〕と〔思考力、判断力、表現力等〕という二つの内容のまとまりのうちの一つであり、〔思考力、判断力、表現力等〕のまとまりが、さらに、「A話すこと・聞くこと」と「B書くこと」と「C読むこと」の三つに分けられているわけです。つまり、これまでの三領域がもう一つ上の階層の〔思考力、判断力、表現力等〕で束ねられているということなので、「思考・判断・表現」で評価していくといっても新たな評価項目を設定するというわけではなくて、具体的には各領域で評価をしていくということですので、評価の在り方は従来と変わりはないのです。

　「思考・判断・表現」にかかわる評価について、参考資料には以下のように記載されています。

　　「思考・判断・表現」の評価は、各教科等の知識及び技能を活用して課題を解決する等のために必要な思考力、判断力、表現力等を身に付けているかを評価するものである。
　　「思考・判断・表現」におけるこのような考え方は、従前の「思考・判断・表現」の観点においても重視してきたものである。

　この箇所からも、「思考・判断・表現」に関する指導や評価はこれまで同様でよいというニュアンスが感じ取れます。けれども、何から何までこれまでと変わりなくということになると、指導要領改訂の趣旨から外れてしまうでしょう。やはり、「主体的・対話的で深い学び」の視点から授業を設計し、子どもが、思考・判断・表現する場面を意図的に設定して指導、評価すべきでしょう。また、評価につながる言語活動としても、話し合いや、自分の考えを書くといった表現活動を積極的に行い、それらの様子を集めたポートフォリオを作るなど、子どもの「思考・判断・表現」のよさを様々な点から見取る工夫が必要になります。

4 「主体的に学習に取り組む態度」の評価の方法と工夫

　「主体的に学習に取り組む態度」にかかわる評価について、参考資料には以下のように記載されています。

　　「主体的に学習に取り組む態度」の評価に際しては、単に継続的な行動や積極的な発言を行うなど、性格や行動面の傾向を評価するということではなく、各教科等の「主体的に学習に取り組む態度」に係る観点の趣旨に照らして、知識及び技能を習得したり、思考力、判断力、表現力等を身に付けたりするために、自らの学習状況を把握し、学習の進め方について試行錯誤するなど

自らの学習を調整しながら，学ぼうとしているかどうかという意思的な側面を評価することが重要である。

引用箇所の前半に記載されている「単に継続的な行動や積極的な発言を行うなど，性格や行動面の傾向を評価するということではなく」というのは，毎時間ノートをこまめにとっているとか，授業中に挙手が多いとか，性格や行動の傾向が一時的に表れた姿を評価の対象にするのではないということです。

では一体，何を評価するのでしょうか。

参考資料では，「『主体的に学習に取り組む態度』の評価規準の設定の仕方」の箇所に以下のように記載されています。

①粘り強さ〈積極的に，進んで，粘り強く等〉
②自らの学習の調整〈学習の見通しをもって，学習課題に沿って，今までの学習を生かして等〉
③他の2観点において重点とする内容（特に，粘り強さを発揮してほしい内容）
④当該単元の具体的な言語活動（自らの学習の調整が必要となる具体的な言語活動）

参考資料には，評価規準の設定例として「進んで，登場人物の気持ちの変化について，場面の移り変わりと結び付けて具体的に想像し，学習課題に沿って，感じたことや考えたことを文章にまとめようとしている」とありますが，私たちが授業をつくっていく時に特に考えていくべきは上の①と②でしょう。

子どもが粘り強さを発揮したり，自らの学習の調整をしたりするためにはどのような授業を構想し，何をどのように評価するのかの実践と工夫を重ねることが必要となります。

5 子どもの学びに生きる評価の工夫

評価は何のために行うのでしょうか。

通知表を付けるためでしょうか。もちろん，学期末の評定の資料に使うという目的もあるでしょう。けれども，もっと大切なことが二つあると思います。

一つは，私たちの授業改善でしょう。本時に見取った子どもたちの学習状況から授業を振り返り，より質の高い授業につなげていくことができるでしょう。また，次時の授業の内容を考える際の参考にもなるでしょう。二つは，子どもが一層輝くためでしょう。子どものよさを見取り，子どもに返すことで，その子の自信につなげることができます。また，課題を見取った際には，適切な支援を図ることで，その子の力は伸びていきます。前もって子どもと評価規準の共有をしたり，多様な評価場面を設定し，評価を行う等の工夫をしたりすることで，評価を通して，一人一人のよさを引き出し，一層輝かせていくことを目指したいです。

第1章　授業づくりのポイント　17

3 国語教師の授業アップデート術

　改訂された学習指導要領では「主体的・対話的で深い学び」という授業改善の新しい視点が示されました。そして，学校には１人１台のタブレット PC が導入され，新しい教科書には新しい教材と新しい指導法が入るなど，教育界には日々新しいものが流れ込んできます。そこで，ここでは，授業をアップデートする視点を幾つか紹介します。アップデートは，とある日突然すべてのことがまったく新しいものに切り替わるわけではありません。これまでの方法をちょっといいものに上書きし続けるだけです。まずは気軽に始めてみてください。

■ タブレット PC（iPad）の活用

1人1台のタブレット PC で授業はどう変わるか

　GIGA スクール構想により，配備されたタブレット PC。あまり構えず「ちょっと見た目が新しい文房具」という意識で付き合ってみるとよいでしょう。例えば，"付箋"は便利な文房具です。１枚ごとにアイデアを書き出して「視覚化」し，類比や対比をしながら並べ替えて「分類」「整理」をするなど，情報を具体物として操作できるよさがあります。しかし，個別に配付する手間，操作に必要なスペース，貼り終わった後の処理などの面倒に思える部分があるのも事実です。そこで，これらの操作をタブレット PC で代用してみてはどうでしょう。台紙の配付も集約も整理もあっという間ですし，子どもが指先で直感的に操作できる操作性のよさはもちろん，電子黒板やプロジェクターを使えば簡単に全員の記録を見せることもできます。もちろん写真を撮って記録をする必要もなく，そのまま次の授業で続けることができます。また，作文の下書きをワープロソフトで書かせてみてはどうでしょう。鉛筆とは異なり，間違えた時や言葉を付け足したい時にすぐ直せるので，子どもは自由な表現に集中することができます。あとは印刷して清書するだけです。このように，タブレット PC だからと構えず，現行の教具をちょっとよくする使い方から始めてみましょう。

プロジェクターを併用すると板書はどう変わるか

　教師が授業を行ううえで必須の教具は何かと問われた時に，まず挙がるのは黒板でしょう。一口に板書といっても，そこには「集中」「収集」「整理」「焦点化」「強調」「補完」といった様々な機能が集約されています。中でも「集中」や「強調」といった機能は ICT の得意分野です。プロジェクターや大画面モニターを利用した動画やプレゼンテーションの提示は教材への没入度を高め，学習内容の理解を深める効果が期待できます。また，１人１台のタブレット

PCを使えば，意見の「収集」「整理」を短時間で美しく板書で見せることもできます。このように，単機能に特化すると優秀なのですが，ICTだけを用いて授業を進めることは避けるべきです。なぜなら，板書が本来もっている学びの基地として役割が果たせないからです。学びの基地とは，1時間の授業の流れや子どもの活動の足跡が残ることを意味します。パッパッと切り替わるスライドを目で追うだけでは，今何をやっているのか，先ほど何を学んだのか，子どもが自分のペースで振り返ることができなくなります。また，ノートに視写する手間がなければ，記憶として頭に残る割合も減ってしまうのです。ですから，ICTを併用した板書では，何を書き，どこにICTを使うか，これまで以上に授業者のねらいを明確にしていく必要があるのです。

2 学びを深める「思考ツール」の活用

思考ツール（シンキングツール）とは，情報を整理したり思考をクリアにしたりすることで，多角的・多面的な見方を可能にする図表群を表します。国語授業をアップデートするためにまずオススメするのは，手順を流れで整理する「ステップ・チャート」と，情報を軸で整理する「マトリックス」です。国語の板書は縦書きを基本とされてきたため，右から左に進む巻物のようになり，文脈も含めた理解が必要になります。そこで，枠囲みと矢印を使って順番を整理すると，それだけで理解しやすくなります。また，子どもの意見を集約する時に，十字の線を引いてそれぞれの属性に合わせて整理するだけで，共通点が見えやすくなります。このように普段の板書に適切な思考ツールを取り入れるだけで，構造化の度合いがぐんと高まるのです。

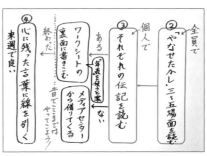

ステップ・チャート

マトリックス

さらに，物語の読解では「プロット図」が役立ちます。物語のプロットを山型に示したもので，それぞれの場面における心情の上昇や下降が明確になるよさがあります。人物の心情を読み取ってからつくる心情曲線とは異なり，普遍的な物語の構成を単純化しているため，どの作品にも使いやすいことが特徴です。

まずは教師が授業の中で積極的に使い，思考ツールを子どもの身近なものにしていきましょう。そして，学年

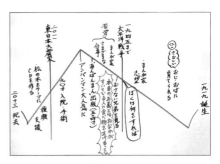

プロット図

第1章 授業づくりのポイント 19

の終わりには子ども自身が目的や場面に応じて選択し，活用できるようにするのがゴールです。

③ 「ペア・グループ活動」の活用

　言語活動の充実が叫ばれた時に，多くの教室で「ペア対話」が取り入れられました。全体に発表する前に自信をつける，すべての子どもに表現の機会を与えるなど，簡単に取り組めるうえに効果が高い活動として今でもよく使われています。そのペア対話をアップデートするポイントを二つ紹介します。一つは「ペア対話」を世に知らしめた元筑波大学附属小学校の二瓶弘行先生が大切にされていた「"やめ"と言われるまで話し続ける」ことです。話し続けることは対話に対する構えをつくることにつながります。話題が尽きたら同じ話を繰り返してもよいから，とにかく話し続けることを子どもに指示します。もう一つは上越教育大学教授の赤坂真二先生がよく使われる「話のきっかけをつくる」ことです。例えば，知っている動物について話し合わせたい時には「隣の席の動物の専門家に聞いてみましょう」のような言葉を用いて促すことで，子どもは自然と相手に「訊く」構えが生まれます。どちらも効果は絶大です。

　グループ学習ではこれまで様々な手法が提案されてきましたが，国語授業のアップデートとして試してほしいのが"外向き花びら型グループ学習"です。机を合体させ，顔を向き合わせて行うのが通常のグループ学習ですが，これは机を花びらのように外側に向け，背中を内側に向けた形になります。一人学びの時は集中しやすいように外を向き，話し合いたい時には内側を向いて膝を寄せるようにします。子ども自身が学習のスタイルを選択でき，探究型の長時間にわたる学びにも対応できる，オススメの型です。

④ 「マルチ知能・脳科学」の知見

　「個に応じた学び」は大切です。そして，本当の意味で個性に適した学習を考えるには，子どもがもつ複数の能力を見極める視点が必要です。それがハーバード大学のハワード・ガードナー教授が提唱する「マルチプル・インテリジェンス」です。「言語能力」や「空間能力」をはじめとした八つの能力を窓として見ることで，その子どもの個性や得意分野，興味に合わせて成長をサポートすることができます。例えば，説明文の読解をする際に，中心となる語句をうまく抜き出せない子どもがいたとします。「音感能力」が高いのであれば，リズムに合わせたり，特定の言葉だけ大きな声で言わせたりといった音読する場面を設けることで気付きが得られるかもしれません。「論理的・数学的能力」が高いのであれば，同じ言葉が繰り返される回数や配置に着目させることで規則性を見出すかもしれません。「人間関係・形成能力」が高ければ，友達と交流させることで答えを引き出していきます。八つすべては無理であれ，授業の方略を複数用意する効果的な視点となるでしょう。

第2章

365日の全授業　6年下

秋の深まり

（1 時間）

I 単元目標・評価

・語句と語句との関係について理解し，語彙を豊かにするとともに，語感や言葉の使い方に対する感覚を意識して，語や語句を使うことができる。（知識及び技能(1)オ）

・目的や意図に応じて，感じたことや考えたことなどから書くことを選び，伝えたいことを明確にすることができる。（思考力，判断力，表現力等 B(1)ア）

・言葉がもつよさを認識するとともに，進んで読書をし，国語の大切さを自覚して，思いや考えを伝え合おうとする。（学びに向かう力，人間性等）

知識・技能	語句と語句との関係について理解し，語彙を豊かにするとともに，語感や言葉の使い方に対する感覚を意識して，語や語句を使っている。（(1)オ）
思考・判断・表現	「書くこと」において，目的や意図に応じて，感じたことや考えたことなどから書くことを選び，伝えたいことを明確にしている。（B(1)ア）
主体的に学習に取り組む態度	積極的に季節を表す語彙を豊かにし，これまでの学習を生かして俳句や短歌を作ろうとしている。

2 単元のポイント

教材の特徴

　子どもたちには，季節の言葉を学ぶ3回目の機会となる。これまでの学びを経て，二十四節気に対する思いも高まり，季節を表す言葉へのアンテナも広がっていると思われる。

　「秋」は，俳句や短歌にして表現をする題材が豊富であるといえる。色彩，自然，食物，生物，気温，風景など，題材には事欠かない季節である。俳句や短歌の鑑賞や創作を通して，様々な事物から秋のもつ豊かさを感じ取らせたい。また，秋の俳句や短歌の名作を扱う場合，その背景が秋のおとずれなのか深まりなのか，秋という季節のスパンの中のどのあたりを表現している歌なのかを考えさせたい。そうすることによって，少しずつ冬へと向かっていく季節の移り変わりを感じることができるだろう。

　改訂前の教科書での本題材名は，「秋の深まり」ではなく「秋深し」であった。この改訂は，秋と一言でいっても気温の低下に準じて様々な段階があり，少しずつ冬へと向かっていく季節の移り変わりを敏感に感じ取ってほしいとの願いに感じられる。

3 学習指導計画（全1時間）

次	時	目標	学習活動
一	1	・イメージマップを活用して，伝えたいことを俳句や短歌に表すことができる。 ・「二十四節気」について理解し，生活の中で意識していこうとする。	○秋の節気を確認し，音読をする。 ・一つ一つの節気を確認し，すらすらと読めるようになるまで，繰り返し音読をする。 ・節気の説明をすると，その節気が正確に答えられるようになるまで繰り返し，習熟を行う。 ○秋の節気をカレンダー等に書き込む。 ・児童手帳や月の行事予定表，書き込み可能なカレンダーなど，節気を記入できるようなものに節気を書き込む。 ○「秋の深まり」のイメージマップを書く。 ・「秋の深まり」を感じる物事を表していく。 ○「秋」を感じる事物から題材を決めて，俳句や短歌に表す。 ・題材を決めて節気を意識しながら，俳句や短歌に表す。 ・作品をグループで読み合う。

「月」の学習とともに

　第6学年は，理科で「月の動きと満ち欠け」について学習をします。これまで，月についてそれほど知識や思いをもっていなかった子どもたちも興味をもつようになります。また，月と地球と太陽の関係を知り，朝見える月や夜見える月の満ち欠けの理由や今後の動きなど，それまでとは違う見方をもって月に接するようになります。これを機会ととらえ，俳句や短歌の題材を「月」と限定して創作に取り組ませてもいいでしょう。古くから月は日本人の心に宿り，愛されてきました。その一端を感じ取ることができるかもしれません。これまでの「月」を題材にした表現とは違った，より深い作品に出合えることでしょう。

秋の短歌に触れさせよう

　秋の短歌に触れさせる好機です。「秋」のもつ豊かさのほかに，寂しさや侘びしさを感じ取らせたいものです。情景を喚起させる優れた短歌に出合わせましょう。
・秋の田の　かりほの庵の　苫をあらみ　わが衣手は　露にぬれつつ　　　　　天智天皇
・心なき　身にもあはれは　知られけり　鴫立つ沢の　秋の夕暮れ　　　　　　西行法師
・深山より　落ち来る水の　色見てぞ　秋は限りと　思ひ知りぬる　　　　　読み人知らず
・秋風に　たなびく雲の　絶え間より　もれ出づる月の　影のさやけさ　　左京大夫顕輔

単元について　23

秋の深まり

準備物：節気を書き込む用紙（児童手帳，行事予定表，カレンダー等），俳句や短歌を書く用紙，付箋

●実際に節気を書き込む

立秋・処暑・白露・秋分・寒露・霜降の六つの節気を，実際にカレンダー等に書き込ませます。子どもに月日を示しても，実際にはイメージしにくいでしょう。意識を向けるための手立てとして，実際に書き込む活動を設けます。活動を行うことによって，現在以降にもイメージが広がり，後の活動である俳句・短歌づくりにつながっていくものと考えます。

●イメージマップの取り組みと活用

「春のいぶき」「夏のさかり」に続いて，俳句や短歌を書かせる前に，題材を決定するための手立てとしてイメージマップを書かせます。言葉で発想を広げていく思考法で，創作を進められない子どもへの支援にもなります。言葉をつないで俳句や短歌にそのまま活用できる方法です。

◎イメージマップから題材を選んで「秋の深まり」の俳句や短歌を作ろう

季節のおとずれと言葉を大切にして生活をしていこう

＊子どもの作品

❶秋の節気を確認し，音読をする

秋が深まってきたと感じるものやことは何ですか。

虫の声を聞くと，秋の深まりを感じるなぁ。

音読をし，教科書に示されている秋の節気を確認する。掲載されている俳句，短歌を声に出して読み，大まかな意味をとらえたりする。教材名「秋の深まり」を通して，自分が「秋が深まってきたなぁ」と思う事物について出し合う。出された事物は，すべて板書するようにする。

❷秋の節気をカレンダー等に書き込む

秋分は9月23日ごろかぁ。祝日に秋分の日があったなぁ。

教科書の各節気の時期を参考にして，児童手帳や月の行事予定表，書き込み可能なカレンダーなど，記入ができるようなものに節気を書き込むようにする。直接書き込むことによって，具体的な時期のイメージをもたせるようにする。

本時の目標	本時の評価
・イメージマップを活用して，伝えたいことを俳句や短歌に表すことができる。 ・「二十四節気」について理解し，生活の中で意識していこうとする。	・イメージマップを活用して，伝えたいことを俳句や短歌に表している。 ・「二十四節気」について理解し，生活の中で意識していこうとしている。

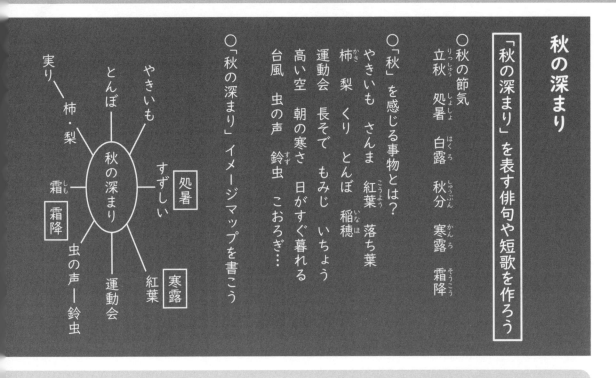

❸「秋の深まり」のイメージマップを書く

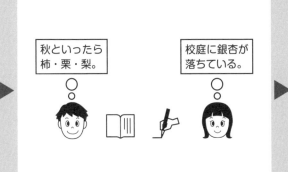

　自分が「秋の深まり」を感じるものをイメージマップに書き出し，節気の言葉につなげるようにする。時間を取り，イメージの枝葉を広げさせていく。書き出せない子どもには，窓から外を見るように声がけをする。窓の外には，秋の気配が濃厚に表れているはずである。
※住んでいる地域によって，秋の概念を感じる事物は異なってくるので，実態に応じて対応する。

❹題材を決めて俳句や短歌に表す

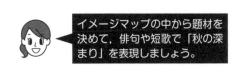

　俳句や短歌を書く用紙を渡す。イメージマップから題材を決めて，作品を創作していく。
　たくさん創作することができる子どもには，俳句と短歌の両方に取り組ませるようにする。
　グループになり，1人ずつ書いたものを発表する。発表を聞いている子どもは付箋を準備し，発表の感想を記す。学級通信等で紹介してもよい。

目的や条件に応じて話し合おう

みんなで楽しく過ごすために／［コラム］伝えにくいことを伝える

6時間

1 単元目標・評価

- 言葉には，相手とのつながりをつくる働きがあることに気付くことができる。（知識及び技能(1)ア）
- 思考にかかわる語句の量を増し，話の中で使うことができる。（知識及び技能(1)オ）
- 目的や意図に応じて，日常生活の中から話題を決め，集めた材料を分類したり関係付けたりして，伝え合う内容を検討することができる。（思考力，判断力，表現力等A(1)ア）
- 互いの立場や意図を明確にしながら計画的に話し合い，考えを広げたりまとめたりすることができる。（思考力，判断力，表現力等A(1)オ）
- 言葉がもつよさを認識するとともに，進んで読書をし，国語の大切さを自覚して，思いや考えを伝え合おうとする。（学びに向かう力，人間性等）

知識・技能	言葉には，相手とのつながりをつくる働きがあることに気付いている。（(1)ア） 思考にかかわる語句の量を増し，話の中で使っている。（(1)オ）
思考・判断・表現	「話すこと・聞くこと」において，目的や意図に応じて，日常生活の中から話題を決め，集めた材料を分類したり関係付けたりして，伝え合う内容を検討している。（A(1)ア） 「話すこと・聞くこと」において，互いの立場や意図を明確にしながら計画的に話し合い，考えを広げたりまとめたりしている。（A(1)オ）
主体的に学習に取り組む態度	粘り強く考えを広げたりまとめたりし，学習の見通しをもって話し合おうとしている。

2 単元のポイント

教材の特徴

　本教材は，ほかの単元に比べると「実生活に生きる国語」に特化している。実生活で行われている縦割り班活動（異学年の構成による児童会活動）の内容を吟味するという，学んだことが直接的にほかの学習や活動に転移する流れになっているため，多くの児童にとって学習意欲が必然的に高まることが期待される。また，実生活と題材がリンクしているだけでなく，話し合いの目的に応じた個々の在り方を学ぶという生涯の学びに通じる重要な単元であると考える。

3 学習指導計画（全6時間）

次	時	目標	学習活動
一	1	・これまでの学校や地域の行事運営を踏まえながら，単元のめあてを理解し，学習の見通しをもつことができる。	○学習の見通しをもつ。 ・これまで6年生が中心になって進めてきた学校や地域の行事を想起し，「もっとこうすればよかった」と反省している点について出し合う。 ・単元のめあてについて確認する。 ・「問いをもとう」「目標」をもとに，学習計画を立てる。
二	2	・活動の目的と条件をはっきりさせ，話し合いの見通しをもつことができる。 ・主張，理由，根拠に分けて，自分の考えを整理することができる。	○議題を確かめる。 ・教科書 p.141「話し合いの見通しをもつための観点」を確認し，議題を設定する。 ・活動の目的と条件を明確にし，話し合いの見通しをもつ。 ○自分の考えを明確にする。 ・p.142「考えを整理するための観点」を確認し，p.142「考えを書き出した例」を参考に，主張，理由，根拠に分けて，考えを整理する。
	3	・役割を決めて進行計画を立て，話し合いで気を付けることを考えることができる。	○縦割り班の6年グループの中で役割を決め，進行計画を立てる。 ・司会や記録係などの役割を決める。 ・p.142「進め方の例」を参考に，進行計画を立て，時間配分を決める。 ○話し合いで気を付けることを考える。 ・考えを広げる時・まとめる時に気を付けることについて話し合う。 ※ p.143のQRコードの動画「話し合いの様子」も参考にする。
	4	・伝えにくいことを伝える時における，相手に受け止めてもらうための発言の仕方について考えることができる。	○ pp.146-147「伝えにくいことを伝える」を読み，話し合いでの発言の仕方について考える。 ・三つの例を読み，それぞれの伝え方の「受け止め度」を表す。 ・「受け止め度」をもとにして，伝えにくいことを伝える方法について考える。 ・ペアで場面を選び，やり取りをロールプレイする。
三	5	・互いの立場や意図を明確にしながら計画的に話し合い，考えを広げたりまとめたりすることができる。	○進行計画に沿って，話し合う。 ・p.143「話し合うときに意識すること」を参考に，話し合いの目的や，それぞれの考えの共通点・相違点，利点・問題点などを明確にする。 ・進行計画に沿って，考えを広げる話し合いと，考えをまとめる話し合いを区別しながら活動を進める。 ・記録係を中心に記録を取り，整理しながら進める。 ・話し合いで決まった仮の結論を実際に試し，問題点や改善点が生じた場合には，考えを広げる話し合いとまとめる話し合いを繰り返す。
	6	・話し合いの結果や，話し合いの仕方のよかった点を共有し，身に付いた力について確認し合うことができる。	○話し合ったことをクラスで共有し，感想を伝え合う。 ・話し合いの結果や，話し合いの仕方のよかった点を伝え合う。 ・「身に付いた力」について出し合う。 ○学習を振り返る。 ・p.145「ふりかえろう」で単元の学びを振り返る。 ・p.145「たいせつ」の内容を確認し，身に付けた力を押さえる。

単元について　27

みんなで楽しく過ごすために

準備物：黒板掲示用資料

●学校や地域の行事運営の反省を出す

　本時のポイントとして，これまで実際に行ってきた学校や地域の行事について，運営面での反省を出し合うことが挙げられます。

　ここで出された反省点は，次時以降の話し合いの「目的」につながっていきます。反省点を改善するために話し合うという児童にとって最も分かりやすい流れになります。そのことは，学習意欲につながってきます。何のために話し合うのかが自分ごとでない話し合いでは，意欲がわかなくなるのは当然です。自分ごととして，実際の行事運営に直結する話し合いだからこそ，話し合いのスキルを学びながら解決に向かっていけるようになります。

「みんなで楽しく過ごすために」学習計画表
【単元のめあて】目的や条件に応じて話し合おう

時間	学習する内容・めあて
クリア	
①	「みんなで楽しく過ごすために」の学習の見通しをもつ
②	議題を確かめ，目的と条件をはっきりさせて，自分の考えを明確にする
③	なかよし班の中で役割を決めて進行計画を立て，話し合いで気をつけることを考える
④	「伝えにくいことを伝える」を読み，話し合いでの発言のしかたについて考える
⑤	進行計画に沿って話し合う
⑥	話し合ったことをクラスで共有し，身についた力を確認する
ふり返り	

●❶学校や地域の行事を想起する

これまでみなさんが中心になって進めてきた学校や地域の行事は，どのようなものがありましたか。

運動会の全校演技で踊りを教えました。

七夕集会で下学年と願いごとをつるしました。

　これまで6年生が中心になって進めてきた学校や地域の行事を想起する。出された行事等は，一つ一つ板書するようにする。これまで苦労して，下の学年をまとめたり，6年生同士で協力して運営したりしてきたことを思い返させるようにする。

●❷反省している点について出し合う

中心になって進めてみて，「もっとこうすればよかった」と反省していることはありますか。

ルールをしっかり説明できていませんでした。

1年生にとって難しかったことがあります。

　出された学校や地域の行事について，「もっとこうすればよかった」と反省している点を出し合うようにする。ここで出された内容が，次の時間の「活動の目的」につながることになる。まだこの後も，6年生が中心になって進めていく学校や地域の行事が残っていることを念頭に置いてこれまでの活動の反省点を出し合うようにする。

本時の目標	・これまでの学校や地域の行事運営を踏まえながら、単元のめあてを理解し、学習の見通しをもつことができる。	本時の評価	・これまでの学校や地域の行事運営を踏まえながら、単元のめあてを理解し、学習の見通しをもっている。

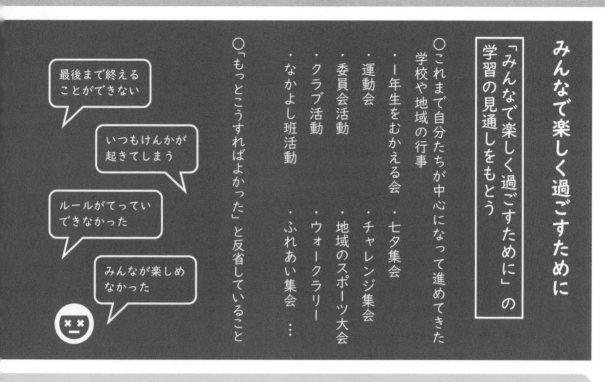

みんなで楽しく過ごすために

「みんなで楽しく過ごすために」の学習の見通しをもとう

○これまで自分たちが中心になって進めてきた学校や地域の行事
- 1年生をむかえる会
- 七夕集会
- 運動会
- チャレンジ集会
- 委員会活動
- 地域のスポーツ大会
- クラブ活動
- ウォークラリー
- なかよし班活動
- ふれあい集会
- ……

○「もっとこうすればよかった」と反省していること
- 最後まで終えることができない
- いつもけんかが起きてしまう
- ルールがてっていできなかった
- みんなが楽しめなかった

❸単元のめあてについて確認する

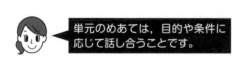
単元のめあては、目的や条件に応じて話し合うことです。

ただ話し合うわけじゃないんだな。どんな力が必要になるのかな。

単元のめあてについて確認する。単元のめあては「目的や条件に応じて話し合おう」である。ただやみくもに話し合うのではなく、目的や条件に応じて、よりよい結論に導いていくためにはどのように話し合っていけばよいのかについて学んでいくことを確認する。これから中学校に向けてもとても大切な学びになっていくことを伝えるようにする。

❹学習計画を立てる

どのように進めていくか、「問いをもとう」「目標」をもとにして学習計画を立てましょう。

話し合いが実際の行事に生かされるんだね。

教科書pp.140-141「問いをもとう」「目標」を読み、単元のイメージをもたせる。その後、児童とやり取りをしながら学習計画表を埋めていく。学習計画表は、単元を通して教室内に掲示するようにする。話し合いの「議題」は、次の時間に伝えることとし、国語の時間が実際の行事につながる学習になることを伝える。

2 / 6時間 みんなで楽しく過ごすために
準備物：黒板掲示用資料

●各学校の実態に応じて，話し合いをする

　第2時のポイントとして，縦割り班の6年グループで活動の目的と条件について話し合う活動があります。各学校で設定している縦割り班活動をそのまま本単元のグループとして反映させるようにしましょう。話し合われた内容がそのまま校内での活動につながるように，縦割り班の異学年交流を実施していない学校であれば，6年生と異学年集団による活動を設定するなどして，形式だけの話し合いにならないように進めていく必要があります。

根拠	理由	主張

○考えを整理するための観点
・主張　目的と条件に合う意見や，議題に対する自分の立場
・理由　なぜその主張がよいと考えるか
・根拠　主張を支える事実や体験など

❶議題を設定する

話し合う議題は，「『なかよし班ふれあいタイム』で，どんな遊びをしたらよいか，なかよし班ごとに考える」です。

みんなが楽しむためには，どんな工夫が必要かな。

　教科書 p.141「話し合いの見通しをもつための観点」を確認する。
・議題……何について話し合い，何を決めるのか。
・目的……何を実現することを目指すのか。
・条件……結論となるものに必要なことは何か。
　次に，議題を提示する。議題は，各学校で取り組んでいる異学年交流をメインにした活動に沿った内容にする。

❷話し合いの見通しをもつ

活動に参加するみんなが楽しめるように，活動の目的と条件を考えましょう。

どの学年でも楽しめるといいな。
そうだね。それを目標にしたいな。

　縦割り班ごとに，活動の目的と条件を明確にする。議題は共通項目になっているが，目的と条件は，縦割り班ごとに話し合って決めることにする。議題，目的，条件がそろうことによって，話し合いの見通しをもつことができる。

本時の目標	・活動の目的と条件をはっきりさせ，話し合いの見通しをもつことができる。 ・主張，理由，根拠に分けて，自分の考えを整理することができる。	本時の評価	・活動の目的と条件をはっきりさせ，話し合いの見通しをもっている。 ・主張，理由，根拠に分けて，自分の考えを整理している。

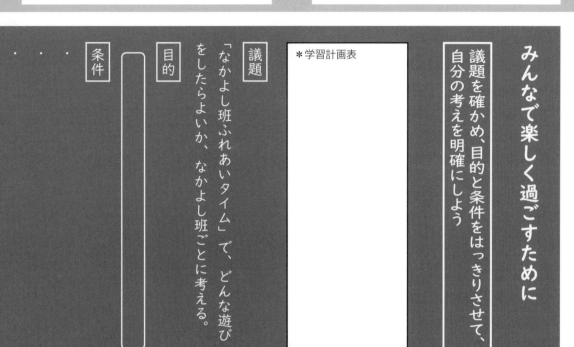

みんなで楽しく過ごすために

議題を確かめ、目的と条件をはっきりさせて、自分の考えを明確にしよう

＊学習計画表

議題　「なかよし班ふれあいタイム」で、どんな遊びをしたらよいか、なかよし班ごとに考える。

目的

条件
・
・
・

❸ 考えを整理するための観点を確認する

　目的と条件に合わせて、自分の考えを整理しましょう。

主張や理由、根拠をはっきりさせよう。

p.142「考えを整理するための観点」を確認する。
・主張……目的と条件に合う意見や、議題に対する自分の立場。
・理由……なぜその主張がよいと考えるか。
・根拠……主張を支える事実や体験など。
　重要な学習用語を学ぶ時間になっている。一過性の学びにならないよう、学級に掲示するなど、繰り返し学習して身に付けていく必要がある。

❹ 考えを整理する

　主張、理由、根拠に分けて、考えを整理しましょう。

観点に沿っていくと、考えが整理されるのね。

p.142「考えを書き出した例」を参考に、ノートに枠線を記入させ、主張、理由、根拠に分けて、考えを整理する。机間巡視を行い、書き出すことにつまずいている児童には、具体的にアドバイスをして回るようにする。
　次の時間に、縦割り班内で意見を交流する話し合いを行うことを押さえる。

みんなで楽しく過ごすために

準備物：黒板掲示用資料

●話し合いのための話し合い

第3時のポイントとして、話し合いのための話し合いをすることが挙げられます。話し合いの際は、意外と具体的な指導があまりなされないまま、各班に活動が放たれることが多いものです。本時は、考えを「広げる」「まとめる」作業において、どのように話し合えばよいのかという具体的な話し合いがなされる場面になっています。大切にしたいのは、教科書に記述されている事項のほかに出された内容です。教科書に記述されている事項以外に生み出された内容を大いに価値付け、実際の話し合いの時間に生かすように働きかけます。

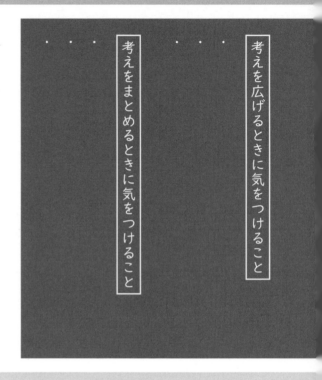

❶役割を決める

なかよし班の6年グループの中で、話し合うための役割を決めましょう。司会と記録係が必要です。

記録係をやってみたいなぁ。

縦割り班の6年グループの中で、司会と記録係の役割を決める。決め方は各班に任せるようにするが、自薦に重きを置き、個人への過度な負担は避けるようにする。また、司会や記録係であっても、自身の考えや意見を出すことはもちろん、積極的に話し合いに参加することを伝える。

❷進行計画を立てる

「進め方の例」を参考にして、進行計画を立てましょう。

仮の結論を出すことが大切だね。

その後に実際に試してみよう。

教科書 p.142「進め方の例」を参考にして、進行計画を立てる。まず、「進め方の例」を確認する。自分たちの班の話し合いが、例のように「遊び」を決めるものであれば、そのまま流れを活用するようにする。「遊び」を決める話し合いでなければ、進め方の流れに当てはめて計画を作成するようにする。その後で、p.143のQRコードから視聴できる動画「話し合いの様子」を視聴する。

本時の目標	・役割を決めて進行計画を立て、話し合いで気を付けることを考えることができる。	本時の評価	・役割を決めて進行計画を立て、話し合いで気を付けることを考えている。

みんなで楽しく過ごすために

なかよし班の中で役割を決めて進行計画を立て、話し合いで気をつけることを考えよう

*学習計画表

役割
司会（　　）　記録係（　　）

進行計画
① 一人ずつ意見を出し合う。
② たがいに質問し合い、疑問などを明らかにする。
③ 出た意見を整理する。
④ 目的と条件に照らして話し合い、仮の結論を出す。
⑤ 実際にためして、問題点がないかを確かめる。
⑥ 必要に応じてさらに話し合い、最終的な結論を出す。

---

❸ 考えを広げる時について話し合う

考えを広げる時には、どのようなことに気を付けるといいですか。

考えを出した時に否定されるのは嫌だな。

　p.143「考えを広げる話し合いのときは」を参考にして、考えを広げる時に気を付けることについて話し合う。教科書に記述されている内容のほかにも、考えを広げるために大事だと思ったことについて、各縦割り班で話し合うようにする。

❹ 考えをまとめる時について話し合う

考えをまとめる時には、どのようなことに気を付けるといいですか。

違いをはっきり示さないとまとめられないな。

　p.144「考えをまとめる話し合いのときは」を参考にして、考えをまとめる時に気を付けることについて話し合う。教科書に記述されている内容のほかにも、考えをまとめるために大事だと思ったことについて、各縦割り班で話し合うようにする。本時以降は学習計画表の下段に記述した振り返りを各縦割り班内で紹介し合うようにする。

[コラム] 伝えにくいことを伝える

準備物：黒板掲示用資料

● 「受け止め度」を表す

　本時のポイントとして，伝えたいことを伝える時に，相手に正確に伝わり，また，冷静に受け止めてもらえるかを数値化した「受け止め度」を表現することが挙げられます。このように，学習課題に対して状況を数値化して個々が表現することは，学習を進めるうえで大変有効です。それは，学習に全員が参加することができ，主体的に取り組むことができるからです。教科の枠を越えて，自分の考えを数値化して示す場面を意図的につくっていくことが大切です。

> ★Cが最も受け止めてもらえる。
> ○伝えにくいことを伝える方法について考えよう
> ・・・・・・
> ○どのような表情や口調で言えば，相手に受け止めてもらえるのだろう

❶ 伝え方の「受け止め度」を表す

三つの伝え方の例について，自分だったら受け止められるか数値にして表しましょう。

Aはけんかになりそう。20％くらいかな。

　教科書 p.146 の三つの例を読み，それぞれの受け答えについて，言われた相手がどう感じるかを「受け止め度」で表す。「受け止め度」は，自分の伝えたいことが相手に伝わり，受け止めてもらえるかを100を最大に数値化したものである。「受け止め度」の記入後は，縦割り班の6年グループで紹介し合って共有する。全体では，「C」のパターンが最も相手に受け止めてもらえることを確認する。

❷ 伝えにくいことを伝える方法を考える

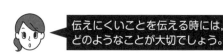
伝えにくいことを伝える時には，どのようなことが大切でしょう。

自分がどうしたいかを伝えるといいです。

　教科書を見ない状態で，「C」のパターンを参考に，伝えにくいことを伝える時には，どのように説明すればよいのか全体で話し合う。考えが十分に出された後に，教科書 p.147 の冷静に説明する三つの内容について確認する。

本時の目標	・伝えにくいことを伝える時における，相手に受け止めてもらうための発言の仕方について考えることができる。	本時の評価	・伝えにくいことを伝える時における，相手に受け止めてもらうための発言の仕方について考えている。

伝えにくいことを伝える

「伝えにくいことを伝える」を読み、話し合いでの発言のしかたについて考えよう

＊学習計画表

○「受け止め度」は何％？

A　いつも自分たちだけがボールを持っていくのはずるい。自分勝手だよ。

B　いいなあ。ぼくもボールで遊びたいなあ。

C　他にもボールを使いたい人がいるんじゃないかな。使い方のルールを決めようよ。

A ___%　B ___%　C ___%

❸ 相手に受け止めてもらえるか考える

　どのような表情や口調で言えば、伝えたいことを相手に受け止めてもらえるでしょうか。

やっぱり、笑顔でやわらかく伝えることが大切だと思うな。

どのような表情や口調で言えば、伝えたいことを相手に受け止めてもらえるか考える。はじめは個人で考え、様子を見て全体で発表させる。伝えにくいことを伝えるためには、伝える内容だけではなく、表情や口調にも気を配らなければならないことを押さえる。

❹ やり取りをロールプレイする

　自分だったらどのように自分の気持ちや考えを伝えるか、やり取りをしてみましょう。

ぼくは寒がりなんだ。窓を閉めてもいいかな？　あ、そうなんだ。

ペアでp.147の三つの場面から一つを選び、やり取りをロールプレイする。活動後に互いに「受け止め度」を相手に伝えるようにする。全体で確認し、数値が高いペアのやり取りについて、全体の前で再現させる。その後、教科書の最後の文章をまとめとして確認する。最後に、めあてについてどうだったかを振り返る。学習計画表の下段に文章で記述し、各縦割り班で紹介し合うようにする。

5 みんなで楽しく過ごすために
6時間

準備物：黒板掲示用資料

● 「仮の結論」を決める

　教科書では、話し合いのとりあえずのゴールとして「仮の結論」を決めることになっています。活動の中身について話し合う場合は、仮に結論を出し、実際に試して再び話し合うという流れになります。しかし、実生活においては、活動の中身ではなく運営の方法についての課題も現れてくると考えます。運営の方法について話し合いを進めている班は、仮の結論を試すことが難しくなります。そこで、下の学年になりきって実際に運営を試してみるように進めます。

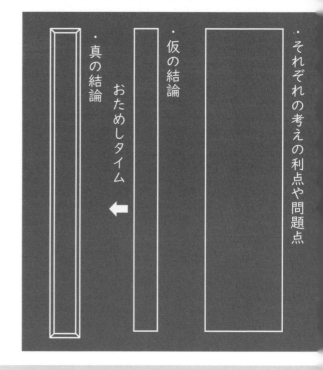

❶話し合いの目的等を明確にする

話し合いを通して、それぞれの班は何を決めようとしているのか確認しましょう。

私たちの班は、活動をするとすぐにいざこざが起きるから、そうならないためにどうするかを話し合います。

　教科書 p.143「話し合うときに意識すること」を参考にして、話し合いの目的やそれぞれの考えの共通点・相違点、利点・問題点などを明確にする。記録係には記録用紙を配付するが、同内容の枠を板書し、全員がノートに記入するようにする。枠を板書しながら、意識することを確認するようにする。

❷話し合いを進める

進行計画に沿って、話し合いを進めましょう。

いざこざが起きたら、活動を止めることを伝えたい。

活動する時間が短くなると伝えたらどうかな。

　進行計画に沿って、考えを広げる話し合いと考えをまとめる話し合いを区別しながら活動を進める。話し合いの過程を共有できるように、記録係を中心に記録を取り、整理しながら進める。

本時の目標	・互いの立場や意図を明確にしながら計画的に話し合い，考えを広げたりまとめたりすることができる。	本時の評価	・互いの立場や意図を明確にしながら計画的に話し合い，考えを広げたりまとめたりしている。

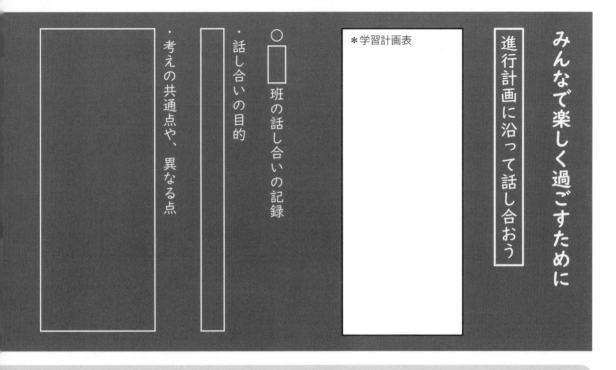

みんなで楽しく過ごすために
進行計画に沿って話し合おう

＊学習計画表

○□班の話し合いの記録
・話し合いの目的
・考えの共通点や、異なる点

❸「仮の結論」を実際に試す

話し合いで決まった「仮の結論」を実際に試してみましょう。

活動の前に、いざこざが起きないように注意があります。守ることができるかな？

守れるよー。

　話し合いで決まった仮の結論を実際に試してみる。遊びや活動の仕方等，内容を決める仮の結論であれば実際にその遊びや活動を実施して，問題点や改善点がないかを確かめるようにする。進め方やかかわり方等の運営面での工夫や方法を決める仮の結論であれば，下の学年になりきり，シミュレーションをして，問題点や改善点がないかを確かめるようにする。

❹話し合いを繰り返す

仮の結論を試してみてうまくいかなかったら，また話し合いをしてみましょう。

事前に注意を話しても，活動していて忘れるかもしれない。

繰り返して伝える必要があるかもしれないね。

　問題点や改善点が生じた場合には，考えを広げる話し合いとまとめる話し合いを繰り返すようにする。話し合いが終わったら，記録係が話し合いの過程について記録をもとにして話すようにする。最後に，本時のめあてについてどうだったかを振り返る。学習計画表の下段に文章で記述し，各縦割り班で紹介し合うようにする。

みんなで楽しく過ごすために

6／6時間
準備物：黒板掲示用資料

●身に付いた力を自覚させる

　本時は単元の最後の時間になります。本時のポイントは，身に付いた力を自覚させることにあります。本時では，「身に付いた力」を個人で考え，全体で共有する学習場面や，教科書の記述を活用して学びを振り返る学習場面を設けています。そうすることによって，本単元の学びを自覚化させています。学びの自覚化は意識的に行う必要があります。

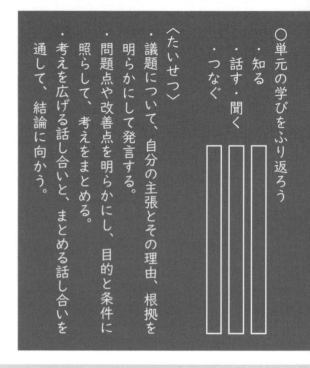

○単元の学びをふり返ろう
・知る
・話す・聞く
・つなぐ

〈たいせつ〉
・議題について、自分の主張とその理由、根拠を明らかにして発言する。
・問題点や改善点を明らかにし、目的と条件に照らして、考えをまとめる。
・考えを広げる話し合いと、まとめる話し合いを通して、結論に向かう。

❶ 話し合いの結果や仕方について伝え合う

話し合いの結果や話し合いの仕方のよかった点について伝え合いましょう。

考えを広げる話し合いの時に、一人一人が広げる意見を言えたね。
進行計画に沿って話し合えたと思うよ。

　縦割り班の6年グループで，話し合いの結果や話し合いの仕方のよかった点について伝え合う。班の中で伝え合い，共有できたら全体の場で伝えるようにする。発表は，司会や記録係にならなかった人が行うようにする。

❷ 「身に付いた力」について出し合う

単元を通して、自分たちにどのような力が付いたと思うか出し合いましょう。

考えをまとめる話し合いの時、今まで意識してこなかったことを意識できるようになったな。

　本単元の学習を通して，自分自身にどのような力が付いたのか考えさせる。ノートの記述や学習計画表の下段の振り返りを参考にさせる。その後，全体の場で発表させる。発表された内容はすべて板書し，一つ一つの考えに肯定的に反応するように心がける。

本時の目標	・話し合いの結果や，話し合いの仕方のよかった点を共有し，身に付いた力について確認し合うことができる。	本時の評価	・話し合いの結果や，話し合いの仕方のよかった点を共有し，身に付いた力について確認し合っている。

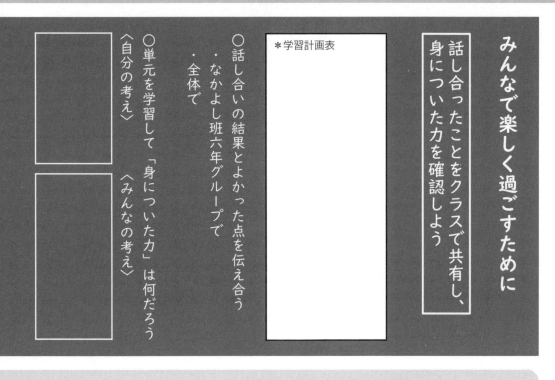

❸ 単元の学びを振り返る

意見の関係が分かるように，どのような言葉で伝えましたか。

意見の異なる点を明確にするために，「異なっているのは…」と分かりやすく伝えるように気を付けたなぁ。

　教科書 p.145「ふりかえろう」に沿って，本単元の学びを振り返る。まずはノートに各自で振り返りを記入し，その後，各縦割り班で紹介し合うようにする。数人に発表させて，本単元を通してたくさんの学びがあったことを押さえる。ノートは授業後に集め，今後につながるように前向きなコメントを記す。

❹ 「たいせつ」の内容を確認する

「たいせつ」をノートに視写して，自分のモノにしましょう。

自分のモノにしよう！

　最後に，めあてについて，本時の自分の活動はどうだったかを振り返る。学習計画表の下段に文章で記述し，各縦割り班で紹介し合うようにする。教科書 p.145「たいせつ」を全員で音読し，一つ一つの事項を確認する。その後，ノートに視写をさせ，内容を身に付けさせるようにする。

第6時　39

話し言葉と書き言葉

1時間

☐ 単元目標・評価

・話し言葉と書き言葉との違いに気付き，それぞれの種類や特徴を分類することができる。（知識及び技能(1)イ）

・言葉がもつよさを認識するとともに，進んで読書をし，国語の大切さを自覚して，思いや考えを伝え合おうとする。（学びに向かう力，人間性等）

知識・技能	話し言葉と書き言葉との違いに気付き，それぞれの種類や特徴を分類している。((1)イ)
主体的に学習に取り組む態度	違いに気を付けながら，場面や状況，相手に応じて話し言葉や書き言葉を活用しようとしている。

2 単元のポイント

この単元で知っておきたいこと

「話し言葉」を子どもが分類しようとすると，相手に応じて大きく三つに分類できる。①友達など親しい人と話す時に使う友達言葉，②先生など目上の人に対して話す敬語，③１年生のお世話をしたり一緒に遊んだりする時に使っている言葉，である。子どもたちは，生活経験に基づいてこの三つを使い分けている。その他に５年生で学習した方言も「話し言葉」に含まれる。一方の「書き言葉」も，同様に相手に応じて分類される。①「話し言葉」をそのまま「書き言葉」に表した親しい人への手紙やメール，チャットなどで使われるもの，②先生など目上の人に対してや，誰が読んでも失礼がなく分かるように書かれたもの，である。日頃無意識に使っている場合もあるので，それぞれの特徴を考えながら分類して体系的に理解させたい。

教材の特徴

本教材は，野田さんがシェフの山本さんに聞いたこと（話し言葉）を文章（書き言葉）にしている。比較しやすいこの二つの違いを考えることで，それぞれのメリットやデメリットが見えてくる。それぞれの特徴の解説が分かりやすく文章で書かれている。主体的な学習を確保するためにも，自分たちで書いたり，話したりして分類していく活動の時間を十分に取ったうえで解説部分を扱うことで効果的な学習が期待できる。

40　話し言葉と書き言葉

3 学習指導計画（全1時間）

次	時	目標	学習活動
一	1	・話し言葉と書き言葉との違いに気付き，それぞれの種類や特徴を分類することができる。 ・違いに気を付けながら，場面や状況，相手に応じて話し言葉や書き言葉を活用しようとする。	○種類や特徴を分類する。 ・教科書だけでなく日常の話し言葉や書き言葉を思い出して考えていく。 ○実際に使ってみて再考する。 ・話したり，書いたりする活動を通して分類が正しかったのか，付け足すことがないか考える。 ・日常生活で使っていくうえで気を付けることを考える。

教科書以外の言葉も活用してみよう

　本単元では，教科書の「話し言葉」と「書き言葉」をもとにした授業が考えられています。しかし，どちらの言葉も日々の生活の中に溢れています。そこで，授業の導入で学校の手紙（学校だよりや学年だよりなど）を提示して，話し言葉に直す活動を通して種類や特徴を考えていくなどの工夫をするのも面白いです。また，休み時間の子ども同士の会話を敬語などに直してみるなど，生きた言葉を活用しても面白いです。日常の会話を見直すという活動は，子どもにとっても身近な分，意欲をもって取り組みやすくなります。

　使っている言語を振り返り考えていく学習は，その他の学習以上に身近なものとしてとらえてもらうことが大事です。子どもの具体から遠い話や抽象的な一般論に終始してしまうと，結果として身に付きません。少しでも，身近なこととしてとらえられる言葉を提示できると今まで以上に深い学習になっていきます。

話し言葉と書き言葉

1／1時間　準備物：黒板掲示用資料

●**子どもの言葉を使って見やすく分類する**

　子どもにとっては，何気なく無意識に使っている言葉です。そこで，視覚的に種類や特徴がはっきりと見える板書を心がけることで，違いに気付きやすくなります。

　板書で分類を行う際は，子どもの言葉をそのまま使いましょう。教科書に書かれた言葉はすっきりとしていて分かりやすいですが，子どもの言葉を大切にすることを心がけます。

●**継続的な指導をする**

　種類や特徴をとらえることができたからといって，日常生活で意識して使えるようにはなりません。国語の学習のみではなく，いつもの学校生活や家庭での生活，外部講師が来る時などの行事などで意識をさせていくことで，使い分けの基礎を養うことができます。

【板書】

気をつけること

話し言葉→相手を考える。言い方に気をつける。
書き言葉→まちがいがないか，ちゃんと伝わるか見直しをする。相手がどう受け止めるかを考えて、表現を選ぶ。

・間の取り方
・声の大きさや上げ下げ
・整っていなくても通じる
・こそあど言葉が使える

特徴

・だれがいつ読んでも分かるように
・語順や構成が大切

❶二つの文章を比べる

　教科書 p.148 の二つの文章を提示して，「話し言葉」と「書き言葉」であることを確認する。また，「話し言葉」は声に出すもの，「書き言葉」は文字に表すものであることも確認する。伝えたい内容が同じでも，話す時と書く時で違いがあることから，どんな違いがあるのか整理していく。

❷種類や特徴を分類する

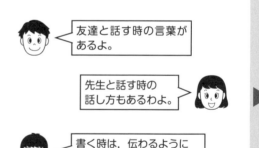

　それぞれの特徴から分類をしていく。その際，具体的な活用の場面も確認していくようにする。また，できる限り子どもの言葉を使って板書していく。板書は上下で対応させて視覚的に分かりやすい板書を心がける。教科書に載っているものがすべて出てこなくても，後で確認をするのでここでは気にしない。

本時の目標	・話し言葉と書き言葉との違いに気付き，それぞれの種類や特徴を分類することができる。 ・違いに気を付けながら，場面や状況，相手に応じて話し言葉や書き言葉を活用しようとする。	本時の評価	・話し言葉と書き言葉との違いに気付き，それぞれの種類や特徴を分類している。 ・違いに気を付けながら，場面や状況，相手に応じて話し言葉や書き言葉を活用しようとしている。

話し言葉と書き言葉

話し言葉と書き言葉を比べてみよう

	表し方	種類	
話し言葉	音声で話す言葉	①友達言葉（友達と話す） ②敬語（目上の人と話す） ③下の子に使う言葉 ④方言	・話すから楽（早い） ・すぐに消える ・まちがいをすぐに直せる
書き言葉	文字で表す言葉	⑤友達言葉（チャット、メール） ⑥だれが読んでもいいように書く	・時間がかかる ・後に残る ・直せない（誤字に注意）

＊p.148の山本さんの言葉

＊p.148の野田さんの文章

❸実際に使ってみる

実際に話したり，書いたりしてみましょう。

誰が読んでも分かるように書かなきゃいけないな。

同じことを気を付けても，人によって書き方や言い方が少し違うんだな。

「今から見せる言葉を言い換えたり，書いたりしてください」と伝え，連絡事項などの箇条書きを①〜⑥に直して話したり書いたりしてみる（子どもから出たものだけでよい）。活動は何人かと交流できるようにする（書く活動は，時間が必要になるので短いものを用意する）。活動を行う際に，新たな特徴に気付いたらメモをしておくように伝える。

❹再考する

どんなことに気を付けるとよいでしょう？

活動を踏まえて，感じたことを自由に発表する。感想を交流し違いを実感したところで，活動中に気付いた種類や特徴がないか尋ねる。一通り出尽くしたら，教科書 pp.148-149に書かれていることを確認する。学習内容を振り返り，今後の生活の中で気を付けるべきことは何か考える。その際，SNSなどの文字のトラブルを想起させてもよい。

古典芸能の世界／
狂言「柿山伏」を楽しもう

2時間

1 単元目標・評価

・親しみやすい古典芸能の文章を音読するなどして，言葉の響きやリズムに親しむことができる。（知識及び技能(3)ア）
・古典について解説した文章を読んだり作品の内容の大体を知ったりすることを通して，昔の人のものの見方や感じ方を知ることができる。（知識及び技能(3)イ）
・言葉がもつよさを認識するとともに，進んで読書をし，国語の大切さを自覚して，思いや考えを伝え合おうとする。（学びに向かう力，人間性等）

知識・技能	親しみやすい古典芸能の文章を音読するなどして，言葉の響きやリズムに親しんでいる。（(3)ア） 古典について解説した文章を読んだり作品の内容の大体を知ったりすることを通して，昔の人のものの見方や感じ方を知っている。（(3)イ）
主体的に学習に取り組む態度	進んで昔の人のものの見方や感じ方を知り，これまでの学習を生かして「柿山伏」を音読したり演じたりしようとしている。

2 単元のポイント

言語活動

　本単元では，言語活動として「『柿山伏』の音読」を行う。狂言の音読では，狂言独特の読み方が特徴的である。「やっとな」「食びょう」など様々な表現がある。これまでに経験したことがない読み方であり，違和感を覚える子どももいるだろう。音読の時には，少し恥ずかしがる子も出てくる。狂言には，誰もがみな，ゆったりと広い心をもって，いたわり合いながら，仲良く楽しく生きていけるという想いを感じ取ることができる。「柿山伏」を音読することを通して，昔の表現から，昔の心までを楽しませたい。

　このような狂言独特の読み方の面白さは，CD や先生の範読だけでは伝わりにくい。そこで映像を見せることで，間や表情など狂言師の様々な表現の工夫を見せることができ，より狂言の世界を楽しむことができる。教科書の QR コードや NHK の児童用放送や動画検索サイトなどの柿山伏の動画が参考になる。教師2人で練習し，実際に演じると，子どもはより興味をもつことができる。

3 学習指導計画（全2時間）

次	時	目標	学習活動
一	1	・古典芸能に対する関心を高め，興味をもったものを調べることができる。	○「柿山伏」を見て，狂言について理解する。 ・「柿山伏」の映像を見て，面白かったところを交流する。 ○紹介されている五つの古典芸能について知る。 ○興味がある古典芸能について調べる。
二	2	・「柿山伏」の登場人物の人物像や物語などの全体像を具体的に想像することができる。	○「柿山伏」を読む。 ・柿山伏の人物像を読む。 ・「強弱」や「間」，「表情」，「速さ」などの音読の工夫の仕方を確認する。 ・人物像に合わせて音読をする。

よりよい音読に向けて

　単元のまとめとして音読会を設定することがあります。子どもたちが主体的に音読会に取り組むために，いくつかの工夫が必要になります。

　まずは，音読を工夫する観点を見せることです。よく教師が，「工夫して練習しましょう」などと，子どもに練習の仕方を丸投げしている姿を見かけます。子どもはどのように工夫をしたらいいのか，どんなふうに練習すればいいのかが分かりません。「間の取り方」「目線」「読む速さ」「強弱の付け方」などの工夫するポイントを明示することが大切です。

　次に，ほかの人の練習の経過が見られるような場を設定することもできます。自分たちの音読が，客観的に見てどのレベルなのかを常に意識することで，子どもたちの意欲は高まります。グループなどをつくりペアの練習を見合ったり，席から立って練習することで自然とほかのペアが目に入るようにしたりと，様々な工夫ができます。友達の音読を見ることで，友達のアイデアを参考にし，工夫することができます。

　最後に，自分の変化（成長）を実感させることです。自分たちがしていることの価値は自分では気が付きにくいものです。そこで，小グループで感想や意見を言ってもらう場を設定するなど，評価をしてもらえるようにすることで，意欲を高めることができます。

　このように，練習の仕方を工夫することで主体的に練習する子どもたちの姿が生まれます。

単元について　45

古典芸能の世界／狂言「柿山伏」を楽しもう

1/2時間

準備物：「柿山伏」の映像

●柿山伏との出会い

本時で，子どもたちは初めて狂言に出会います。伝統文化というと，子どもたちにとっては，少し抵抗があるものです。狂言は，喜劇です。滑稽なものまね芸が洗練され，見ていてとても楽しいものです。子どもたちには，狂言を「楽しいもの」と感じながら見てほしいと思います。

そのためにも，初めて見る時は工夫が必要になります。「柿山伏」の難しいところとして，言葉遣いがあります。独特な言葉遣いなので，難しそうな言葉が出てきたら，一度映像を止めて簡単な解説をすることで分かりやすくなります。また，場面の意味が分かりにくいところもあります。「山伏がお腹をすかせているんだよ」「木に登って柿を食べているところだよ」などと，場面の状況を適宜確認していくことで，「柿山伏」の楽しさをより感じることができます。

❶「柿山伏」の映像を見る

> 今から狂言の「柿山伏」を見てみましょう。登場人物はシテの山伏と，アドの柿主です。修行の帰りに，お腹がすいている山伏が，柿のなる木を見付け，柿を食べてしまいます。しかし，そこへ柿の木の主が現れます。山伏は，何とかばれないようにごまかそうとするのですが…。さぁ「柿山伏」を見てみましょう！

単元の導入として，「柿山伏」の一部の映像を見せる。見せる前に，大まかなストーリーを伝えておくことで，子どもたちはスムーズに物語の世界に入ることができる。途中，慣れない表現が出てくるので，映像を止めて解説をしたり，それまでのストーリーを簡単に説明したりする。

❷教科書を読み，狂言について確認する

> 教科書p.152を読んで，狂言とは何か確認しましょう。

> 失敗や間違いが演じられています。

> 主役の「シテ」と，相手役の「アド」がいます。

> 柿山伏の中で面白かった台詞を真似してみましょう。

教科書p.152の写真を見ながら，「シテ」「アド」や能舞台を確認し，狂言についてまとめる。失敗や間違いが描かれていることに注目させる。面白かった台詞を真似させる。

| 本時の目標 | ・古典芸能に対する関心を高め，興味をもったものを調べることができる。 | 本時の評価 | ・古典芸能に対する関心を高め，興味をもったものを調べている。 |

古典芸能の世界

古典芸能について調べよう

◆古典芸能
- 能
- 狂言
- 人形浄瑠璃（じょうるり）
- 歌舞伎（かぶき）
- 落語

狂言（きょうげん）
・せりふとしぐさを主とした劇（げき）
・能舞台の上で演じる
・主役「シテ」
・相手役「アド」
・失敗やまちがいを演じる
・楽しく愉快な劇

＊p.152の写真

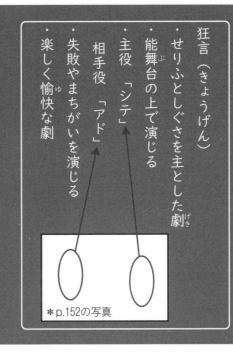

❸五つの古典芸能を確認する

狂言は古典芸能といわれるものです。昔の人が楽しんだ演劇で，これまで伝えられてきた日本の文化です。古典芸能にはほかにもいろいろな演劇があります。教科書 pp.150－151を読んでみましょう。

教科書 pp.150-151を読み，五つの古典芸能について紹介する。教科書のQRコードなどを活用して，動画を見せながら教科書を読むとよい。「知っている古典芸能はありましたか」などと聞き，子どもたちの体験や知っていることを話させる。

❹興味をもった古典芸能について調べる

五つの古典芸能から，興味をもったものについて調べてみましょう。

落語が面白かったです。1人で話をしているのに，何人も登場人物が出てきてすごいと思いました。

興味をもった古典芸能について調べさせる。五つとも演劇なので，動画検索サイトなどを活用して，動画を見るように指導する。面白かったことや分かったことがあれば，全体で共有する。

2／2時間 狂言「柿山伏」を楽しもう

準備物：「柿山伏」の映像

●人物像を読み取る

狂言は，特別な人の身の上に起こった特殊な事件ではなく，誰の身にも起こり，誰もが経験しそうな出来事を描いています。狂言の中で描かれる人物は，人間のもつ賢さやおろかさをとても身近に感じられるように描かれています。しかし，狂言では人間のおろかさを否定せずに受け入れています。音読では，その人物像を子どもたちに表現させたいものです。そのためには，人物像を豊かに読み取らなくてはいけません。山伏や柿主と自分との共通点や相違点を探しながら人物像を読み取ります。そして，自分にも同じようなところがあることに気が付くことができれば，狂言をより身近に感じることができます。

◆柿山伏のおもしろさ
・せりふの言い方
・山伏の性格
・心の声をたくさん言うところ

❶山伏と柿主の人物像を明らかにする

「柿山伏」のシテは山伏で，アドは柿主でしたね。山伏と柿主は，どんな人物でしょうか。

山伏は，柿主に言われた通りにするからちょっとまぬけだけど，素直な人だね。

柿主は，ちょっと意地悪だけど，最後は許してあげるから優しいね。

まず，登場人物を確認する。主役のシテが山伏で，相手役のアドが柿主。音読劇では，人物像を理解し，それを表現することが大切である。ここでは，それぞれの人物像を読み取る。その人物の状況や人柄まで読み取るとよい。山伏のまぬけさと真面目さ，柿主の意地悪さと寛容さ，人物の二つの側面をそれぞれ読み取らせる。この人物設定こそが，狂言の世界観を表しているといえる。

❷音読する観点を確認する

それぞれの人物像を意識して，音読してみましょう。

山伏と柿主の気持ちを考えて，読む速さや強弱を工夫します。

音読会では，音読の工夫の観点が重要になる。観点として，強弱，速さ，間，表情，リズム，人物像や気持ちに合わせた表現などが挙げられる。これらは，音読する時の工夫の観点にもなるが，友達の音読を見る時の観点にもなる。

本時の目標	・「柿山伏」の登場人物の人物像や物語などの全体像を具体的に想像することができる。	本時の評価	・「柿山伏」の登場人物の人物像や物語などの全体像を具体的に想像している。

狂言「柿山伏(かきやまぶし)」を楽しもう

「柿山伏」の登場人物の人物像を考え音読しよう

◆人物像を考えよう

山伏（シテ）
柿をぬすむくらい空腹
柿主に言われた通りにまねをする素直さ
ごまかそうと必死になる往生際(おうじょうぎわ)の悪さ

柿主（アド）
人をからかって遊ぶ意地悪さ
結局つかまえたりしない心の広さ

◆音読のポイント
・強弱
・速さ
・間
・表情
・リズム
・人物像や気持ちに合わせた表現

❸「柿山伏」の音読を交流する

それでは音読を交流しましょう。

音読を発表する。2〜3のグループに分かれたり，クラス全体で発表させたり，クラスの状況に合わせて発表会の進め方を工夫する。ノートやワークシート，付箋など，発表の後に感想を書けるようにすることで，後の交流がスムーズに行われる。感想は，「〇〇という文のところが，〜でよかった」など，できるだけ具体的に書かせる。

❹「柿山伏」の面白さを考える

「柿山伏」の面白いところはどんなところでしょうか。

自分が悪いのに，最後には治療をしろと言う山伏の性格が面白いです。

最後に，「柿山伏」の面白さについて考える。面白さは，ストーリー，人物像，狂言独特の言い回し，言葉のリズム，心の声を言う演劇方法などが考えられる。
時間があれば，これらを意識しながら，音読の練習をしてみてもよい。明らかになった人物像を意識して音読することが大切になる。

筆者の工夫をとらえて読み，それをいかして書こう

『鳥獣戯画』を読む／
発見，日本文化のみりょく

10時間

◪ 単元目標・評価

- ・比喩や反復などの表現の工夫に気付くことができる。（知識及び技能(1)ク）
- ・日常的に読書に親しみ，読書が，自分の考えを広げることに役立つことに気付くことができる。（知識及び技能(3)オ）
- ・目的や意図に応じて簡単に書いたり詳しく書いたりするとともに，事実と感想，意見とを区別して書いたりするなど，自分の考えが伝わるように書き表し方を工夫することができる。（思考力，判断力，表現力等B(1)ウ）
- ・事実と感想，意見などとの関係を叙述をもとに押さえ，文章全体の構成をとらえて要旨を把握することができる。（思考力，判断力，表現力等C(1)ア）
- ・目的に応じて，文章と図表などを結び付けるなどして必要な情報を見付けたり，論の進め方について考えたりすることができる。（思考力，判断力，表現力等C(1)ウ）
- ・言葉がもつよさを認識するとともに，進んで読書をし，国語の大切さを自覚して，思いや考えを伝え合おうとする。（学びに向かう力，人間性等）

知識・技能	比喩や反復などの表現の工夫に気付いている。（(1)ク） 日常的に読書に親しみ，読書が，自分の考えを広げることに役立つことに気付いている。（(3)オ）
思考・判断・表現	「書くこと」において，目的や意図に応じて簡単に書いたり詳しく書いたりするとともに，事実と感想，意見とを区別して書いたりするなど，自分の考えが伝わるように書き表し方を工夫している。（B(1)ウ） 「読むこと」において，事実と感想，意見などとの関係を叙述をもとに押さえ，文章全体の構成をとらえて要旨を把握している。（C(1)ア） 「読むこと」において，目的に応じて，文章と図表などを結び付けるなどして必要な情報を見付けたり，論の進め方について考えたりしている。（C(1)ウ）
主体的に学習に取り組む態度	粘り強く論の進め方について考えたり，書き表し方を工夫したりし，学習の見通しをもって日本文化のよさを伝える文章を書こうとしている。

❷ 単元のポイント

この単元で知っておきたいこと

　本単元では，「『鳥獣戯画』を読む」という「読むこと」の学習において，高畑勲さんの絵と文章の組み合わせ方や表現の工夫を学ぶ。そして，それを生かして「発見，日本文化のみりょ

50　『鳥獣戯画』を読む／発見，日本文化のみりょく

く」という「書くこと」の学習につなげていく。改訂前の教科書では，「調べた情報の用い方」という情報教材をはさんで，「日本文化を発信しよう」という教材名で，日本文化を調べて，そのよさをパンフレットにまとめる単元の内容であった。今改訂では，「発見，日本文化のみりょく」という教材で，興味をもった日本文化を調べて，そのよさを文章に表す活動に変更となった。前回が「『鳥獣戯画』を読む」での絵と文章の組み合わせや効果的な表現を自分のパンフレットづくりに生かすという流れだったのに対し，今回は文章表現上の工夫を自分の文章づくりに生かすという流れになっている。そのことを踏まえて，「『鳥獣戯画』を読む」の学習では，筆者の表現の工夫への気付きや習得に主軸を置いた学習展開が必要であると考える。

3 学習指導計画（全10時間）

次	時	目標	学習活動
一	1	・「『鳥獣戯画』を読む」の学習の見通しをもつことができる。 ・絵についての筆者の考えを探し，筆者の考えに対する自分の考えをもつことができる。	○学習計画を立てる。 ・絵から読み取れることを交流する。 ・筆者の考えを読み取り，自分の考えと比較する。 ・単元の目標を確認し，学習計画を立てる。
二	2・3	・筆者が資料の絵を切り離して提示した理由を理解することができる。 ・3匹の応援蛙の気分を考えることができる。	○筆者が2枚の絵を切り離した理由を読み取る。 ○3匹の応援蛙について読み取る。 ・応援蛙は何を話しているか想像し，どんな気分か考える。
	4・5	・『鳥獣戯画』のよさについて，自分の考えを表すことができる。 ・筆者のものの見方や考え方のよさをとらえることができる。	○筆者の主張について評価する。 ・「とびきりモダン」という表現を吟味する。 ○筆者のものの見方や考え方について考える。 ・筆者のものの見方や考え方のよさをまとめ，『鳥獣戯画』を後世に伝えるためにできることは何か考える。
	6	・筆者の表現の工夫を見付け出し，視点ごとに整理してまとめることができる。	○筆者の表現の工夫をまとめる。 ・工夫を見付け，その視点をグループで分類・整理する。
三	7・8	・学習の見通しをもち，伝えたい日本文化の題材を決定することができる。 ・興味をもった日本文化について情報を集め，図や表に整理することができる。	○「発見，日本文化のみりょく」の学習の見通しをもつ。 ・伝えたい日本文化について題材を決める。 ○文章を書くために必要な情報を集める。 ・必要な情報を集め，図や表に整理する。 ・文章の構成を考える。
	9・10	・選んだもののよさが，読む人に伝わるように書き表し方を工夫して文章を書くことができる。 ・友達の文章を読んで，よいと思ったところを伝え合うことができる。	○日本文化のよさを伝える文章を書く。 ・作例を読んで自分の文章に生かし，日本文化のよさを伝える文章を書く。 ○文章を読み合い，学習のまとめをする。 ・グループ同士で回し読みをする。 ・単元の学習を振り返る。

単元について　51

1 / 10時間　『鳥獣戯画』を読む
準備物：黒板掲示用資料

● 『鳥獣戯画』との出合いを大切にする

　第1時のポイントは、『鳥獣戯画』との出合いを丁寧に行うことです。本時では、筆者の考えの読み取りや、単元のねらいの共有から入るのではなく、「絵を見て読み取れることはないか」という全員で取り組むことのできる絵力ありきの出合いを行っています。そこで自由に感じたこと、印象を受けたことを出し合うことによって、『鳥獣戯画』の間口を広げています。

　児童がなかなか動き出せない場合には、「兎と蛙は友達でしょうか？」「何か大変なことが起きているのでしょうか？」等の補助的な問いかけを行ってもよいでしょう。

〈筆者の考えに対してどう考えるか〉
・筆者は大げさに書いているのではないか。
・思い入れが強いことが分かる。…

◎単元の目標
「筆者の工夫をとらえて読み、それをいかして書こう」

【ふり返り】
① 『鳥獣戯画』を読む」の学習で期待すること
② 『鳥獣戯画』を読む」の学習で難しそうなこと

❶ 絵から読み取れることを交流する

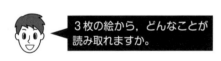

　3枚の絵から読み取れることを出し合う。読み取ったことについては、どうしてそう読み取ったのか理由を加えるようにする。1枚目と2枚目を合わせた3枚目が資料として提示されており、筆者の意図が見えることを押さえる。

❷ 自分の考えと比較する

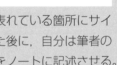

　絵について筆者の考えが表れている箇所にサイドラインを引かせる。引いた後に、自分は筆者の考えに対してどう考えるかをノートに記述させる。サイドラインを引いた箇所を全体で確認し、個々の考えを全体の場で出させるようにする。

本時の目標	・「『鳥獣戯画』を読む」の学習の見通しをもつことができる。 ・絵についての筆者の考えを探し、筆者の考えに対する自分の考えをもつことができる。	本時の評価	・「『鳥獣戯画』を読む」の学習の見通しをもっている。 ・絵についての筆者の考えを探し、筆者の考えに対する自分の考えをもっている。

『鳥獣戯画』を読む 高畑 勲

「『鳥獣戯画』を読む」の学習計画を立てよう

* p.157の絵
* p.159の絵
* pp.160-161の絵

〈絵から読み取れること〉
・蛙がずるをしている。
・和気あいあいとしたふんいきである。
・今の漫画に近い。
・絵を提示して、あわせてまた提示している。…

★筆者の絵の提示のしかたに意図がある。

---

❸単元の目標を確認し、学習計画を立てる

「『鳥獣戯画』を読む」を学習した後には、筆者の表現の工夫を生かして日本文化の魅力を伝える文章を書きます。

筆者の工夫を見付けて、自分の文章に生かそう。

「『鳥獣戯画』を読む」の学習後に、学んだことを生かして日本文化の魅力を伝える文章を書くことを伝える。そして、そのことを踏まえて単元の目標として、「筆者の工夫をとらえて読み、それをいかして書こう」を提示する。

❹学習を振り返り、次時の見通しをもつ

今日の学習の振り返りをしましょう。振り返りをする観点は…。

難しそうだなぁと思ったことは…。

・「『鳥獣戯画』を読む」の学習で期待していること
・「『鳥獣戯画』を読む」の学習で難しそうなことを観点にして振り返りをノートに書かせる。数人に発表をさせて、本時のがんばりを肯定的に評価し、伝えるようにする。次時は、相撲をしている兎と蛙について読み取ることを伝え、学習を終えるようにする。

『鳥獣戯画』を読む

2 / 10時間
準備物：黒板掲示用資料

●絵の示し方の工夫に気付く

　第2時のポイントは，絵巻物を分割した資料として提示した筆者の示し方の工夫に気付くことです。そこには筆者の大きな意図があり，その効果を全体で共有することが大切です。読み手に『鳥獣戯画』の価値の大きさを理解してもらうために，「漫画の祖」であり「アニメの祖」でもあることを，絵を分割して同じ箇所に配置し，読み手を誘う巧みな文章と併せることによって表現しています。

　クローズアップさせるために，あえて2枚目の絵だけを見た場合を想像する学習場面を設けます。その後に1枚目を受けての2枚目の存在を考えることで，筆者の絵の示し方の工夫への気付きにつなげていきます。

○まるで漫画のふき出しと同じようなことを…
→「漫画の祖」をさらに強調している

【ふり返り】
① 筆者の絵の示し方の工夫について
②「アニメの祖」という筆者の考えについて

❶絵の順番を入れ替えた場合で考える

「2枚目の絵を先に見ると，どんなことが想像できますか。」

「蛙が一方的に兎を痛めつけているように感じます。」

　2枚目の絵を先に見た場合に，どのようなことが想像できるかを考え，全体の場で発表させる。1枚目がなければ，場面として理解が及ばない状況になることや，誤った読み取りの可能性があることを押さえる。

❷絵の順番の効果を確かめる

「1枚目と2枚目を順番に見ていくとどうなりますか。」

「兎と蛙が遊んで相撲をとっていることが分かります。」

　2枚目だけを見た場合と，1枚目と2枚目を順番に見た場合とを比較する。1枚目があることによって2枚目の状況を正しく理解することができることを押さえる。

| 本時の目標 | ・筆者が資料の絵を切り離して提示した理由を理解することができる。 | 本時の評価 | ・筆者が資料の絵を切り離して提示した理由を理解している。 |

『鳥獣戯画』を読む　高畑　勲

筆者が二枚の絵を切りはなした理由を読み取ろう

〈二枚目の絵を先に見ると、どんなことが想像できるか〉
* p.159の絵
・蛙が一方的に兎をやっつけている。
・何が起きたのか分からない。
・三匹の蛙の反応が？
・兎の表情がよく分からない。

〈一枚目から二枚目と順番に絵を見た場合〉
* p.157の絵
・相撲をして投げ飛ばしたことが分かる。
・蛙はずるをして勝ったから、兎が笑っている。
・兎と蛙は仲がよいことが分かる。

○一枚目の提示　→　「漫画の祖」
○二枚目を切りはなして提示
　「ためしに、ぱっとページをめくってごらん。」
　→「アニメの祖」
　　↑筆者の表現の工夫

❸筆者の意図を読み取る

筆者はどうして２枚の絵を切り離して提示したのでしょうか。

「アニメの祖」であることを説明するためかな。

❹学習を振り返り，次時の見通しをもつ

今日の学習の振り返りをしましょう。振り返りをする観点は…。

筆者の絵の示し方の工夫について思ったことは…。

　２枚の絵を切り離すことによって，筆者が『鳥獣戯画』について，「漫画の祖」に加えて「アニメの祖」でもあることを説明できることを押さえる。このことが，筆者の表現の工夫であることを全体で確認する。また，「まるで漫画のふき出しと同じようなこと」と表現した筆者のたとえについても考える。

　「筆者の絵の示し方の工夫について」「『アニメの祖』という筆者の考えについて」を観点にして振り返りをノートに書かせる。数人に発表をさせて，本時のがんばりを肯定的に評価し，伝えるようにする。次時は，３匹の応援している蛙たちについて読み取ることを伝え，学習を終えるようにする。

『鳥獣戯画』を読む

準備物：黒板掲示用資料

● 絵を描かせ，吹き出しを活用する

第3時のポイントは，絵を描かせ「吹き出し」を活用して3匹の応援蛙の気分について読み取ることです。3匹の応援蛙にクローズアップし，絵を描かせます。絵をコピーして配付すれば簡単なことですが，あえて絵を描かせるようにします。資料をじっくり見ながらノートに描き写すことによって，本文中にある「三匹の応援蛙のポーズと表情もまた，実にすばらしい」ことを実感させます。また，前時で筆者のたとえとして扱った「吹き出し」を活用し，3匹の応援蛙の台詞を想像させます。台詞の想像と全体での共有は，その後の気分の読み取りにつながっていきます。

○十二世紀から現在までの年月　→　八百五十年
言葉だけでなく絵の力を使って物語を語るものが，とぎれることなく続いている
↓
日本文化の大きな特色

○なぜ，それは続いてきたのだろう？

【ふり返り】
① 三匹の応援蛙の存在について
② 「日本文化の大きな特色」という表現について

❶ 3匹の応援蛙について想像する

3匹の応援蛙の絵をノートに描きましょう。

ポーズと表情を意識して描こう。

3匹の応援蛙の絵をノートに描かせる。描かせる際に「ポーズ」と「表情」を意識させるようにする。絵を描いたら，それぞれの蛙に吹き出しを書かせる。「もし，3匹の応援蛙が話していたら」を問い，想像して吹き出しに書かせるようにする。挙手をさせて指名し，全体の前で発表させるようにする。

❷ 3匹の応援蛙はどんな気分か考える

3匹の応援蛙たちは，どのような気分だと思いますか。

表情を見ると，とっても愉快な気持ちになっていると思います。

7段落の叙述にある「それぞれが，どういう気分を表現しているのか，今度は君たちが考える番だ。」に着目し，3匹の応援蛙は，どのような気分なのかを実際に考えさせる。また，その気分になる理由についても考えるようにする。

本時の目標	・3匹の応援蛙の気分を考えることができる。	本時の評価	・3匹の応援蛙の気分を考えている。

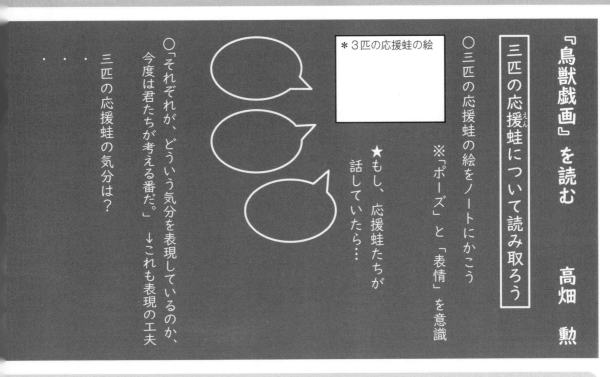

『鳥獣戯画』を読む　高畑　勲

三匹の応援蛙について読み取ろう

○三匹の応援蛙の絵をノートにかこう
※「ポーズ」と「表情」を意識

★もし、応援蛙たちが話していたら…

○「それぞれが、どういう気分を表現しているのか、今度は君たちが考える番だ。」
→これも表現の工夫

・・・三匹の応援蛙の気分は？

❸文化が続いてきた理由を書く

途切れることなく続いてきたのはなぜでしょう。

大人も楽しんできたのがポイントかも…。

十二世紀から現在まで，どのくらいの年月が経過しているかを具体的に説明する。実感的にとらえさせてから，8段落の叙述にある「日本文化の大きな特色なのだ。」に着目する。途切れることなく続いてきたのは何か，なぜそれは続いてきたのかを問い，ノートに考えを書かせる。個人の考えを全体の前で発表させる。

❹学習を振り返り，次時の見通しをもつ

今日の学習の振り返りをしましょう。振り返りをする観点は…。

3匹の応援蛙の存在について思ったことは…。

「3匹の応援蛙の存在について」「『日本文化の大きな特色』という表現について」を観点にして振り返りをノートに書かせる。数人に発表をさせて，本時のがんばりを肯定的に評価し，伝えるようにする。次時は，最後の段落を読み取ることを伝え，学習を終えるようにする。

4/10時間 『鳥獣戯画』を読む

準備物：なし

● 「とびきりモダン」に着目する

第4時のポイントは，9段落の叙述にある「とびきりモダン」という筆者の『鳥獣戯画』への評価について着目することです。筆者は『鳥獣戯画』について「のびのびと見事な筆運び」「漫画の祖」「アニメの祖」「人類の宝」等，様々な高評価の表現をしています。その中でも「とびきりモダン」という表現は，筆者が『鳥獣戯画』について感覚的に率直に感じた生の評価であるととらえられます。この表現に着目することは，筆者の主張の読み取りにつながっていく学習活動であると考えます。

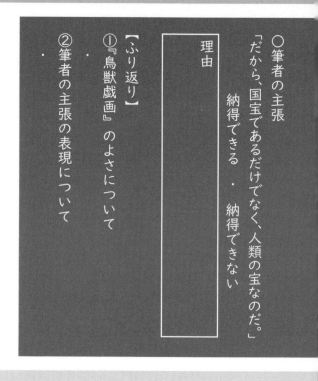

【ふり返り】
① 『鳥獣戯画』のよさについて
② 筆者の主張の表現について

理由
・納得できる　・納得できない

○筆者の主張
「だから，国宝であるだけでなく，人類の宝なのだ。」

❶「とびきりモダン」を吟味する

「とびきりモダン」という表現があるのとないのとでは，どのような違いが生まれるでしょうか。

一言で言い表しているので，筆者がどう評価しているのかが分かります。

9段落の叙述にある「とびきりモダン」に着目し，この表現があるのとないのとでは，どんな違いが生まれるかについて考えさせる。全体の前で発表をさせて，出された考えを共有するようにする。

❷何を『鳥獣戯画』のよさと考えるか表す

『鳥獣戯画』のよさを，自分はどのようにとらえていますか。

私は，絵の表情がすばらしいと思う。

筆者に「とびきりモダン」と言わせる『鳥獣戯画』のよさを，自分はどのようなところに感じるのかを書き表すようにする。全体の前で発表をさせて，出された考えを共有するようにする。

本時の目標	・『鳥獣戯画』のよさについて，自分の考えを表すことができる。	本時の評価	・『鳥獣戯画』のよさについて，自分の考えを表している。

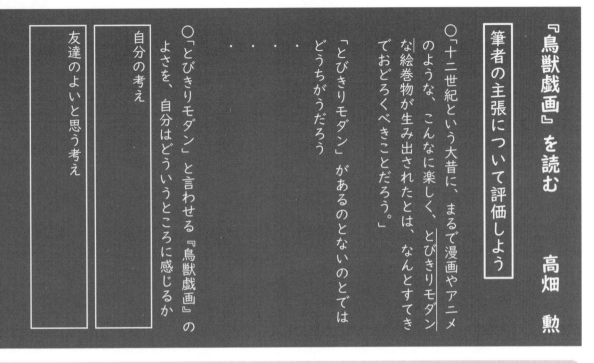

❸ 主張と根拠のつながりを吟味する

9段落の叙述にある「国宝であるだけでなく，人類の宝なのだ。」に着目し，筆者の主張と根拠に納得できるかを書き表す。接続詞の「だから」によって，根拠と主張がつなげられているが，その前後のつながりについてどう思うかを理由を添えて表すようにする。

❹ 学習を振り返り，次時の見通しをもつ

「『鳥獣戯画』のよさについて」「筆者の主張の表現について」を観点にして振り返りをノートに書かせる。数人に発表をさせて，本時のがんばりを肯定的に評価し，伝えるようにする。次時は，筆者のものの見方や考え方について考えることを伝え，学習を終えるようにする。

5 / 10時間　『鳥獣戯画』を読む

準備物：なし

●筆者に伝えたい振り返りの順位を付ける

　第5時のポイントは，筆者のものの見方や考え方のよさをまとめるための準備段階として，これまで書いてきた自分自身の「振り返り」について「筆者に伝えたい」をキーワードにして順位を付けることです。これまで，各時間の「振り返り」は，各時間の学習内容を焦点化したものを書いてきています。「筆者に伝えたい」と思う内容の中には，少なからず筆者のものの見方や考え方につながる内容が含まれていると考えます。「振り返り」に順位を付けるという学習活動を起点にして，筆者のものの見方や考え方について考えさせていきたいと考えます。

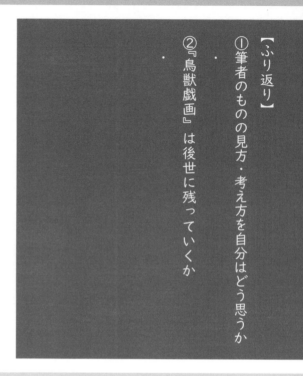

【ふり返り】
① 筆者のものの見方・考え方を自分はどう思うか
② 『鳥獣戯画』は後世に残っていくか

❶これまでの振り返りに順番を付ける

これまで書いてきた振り返りの中で，筆者に伝えたい順に順番を付けてみましょう。

3匹の応援蛙の役割について伝えたいな。

　これまで4時間分の振り返りをテーマに沿ってノートに書いてきている。その4時間分の振り返りについて，筆者に伝えたい順に順番を付け，どうしてその順番なのか理由を書かせる。一番伝えたい振り返りを数人に発表させるようにする。

❷ものの見方や考え方のよさをまとめる

筆者のものの見方や考え方のよさについて，自分の考えをまとめてみましょう。

筆者はたくさんの表現を使って『鳥獣戯画』を評価しているのがいい。

　伝えたい振り返りの順番をもとにして，筆者のものの見方・考え方のよさについて自分の考えをまとめるようにする。伝えたい振り返りの中には，筆者のものの見方や考え方のよさにつながる内容が多いのではないかと考える。数人に発表させて全体で共有するようにする。

本時の目標	・筆者のものの見方や考え方のよさをとらえることができる。	本時の評価	・筆者のものの見方や考え方のよさをとらえている。

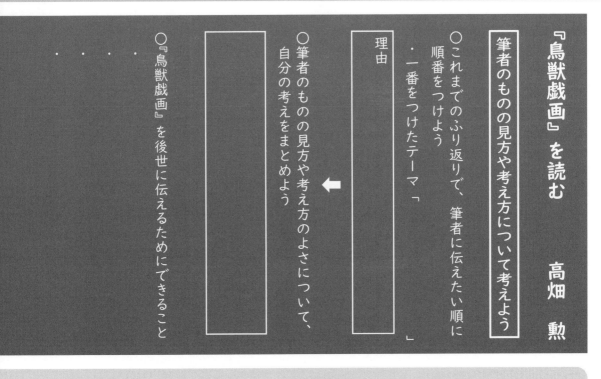

❸自分にできることは何か考える

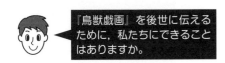

筆者の考えや主張に迎合したり批判したりするだけではなく，自分にできることを提案するという立場を確認する。その後に発問をするように進める。数人に発表させて全体で共有するようにする。

❹学習を振り返り，次時の見通しをもつ

「筆者のものの見方・考え方を自分はどう思うか」「『鳥獣戯画』は後世に残っていくか」を観点にして振り返りをノートに書かせる。数人に発表をさせて，本時のがんばりを肯定的に評価し，伝えるようにする。次時は，筆者の表現の工夫についてまとめることを伝え，学習を終えるようにする。

第5時 61

『鳥獣戯画』を読む

6 / 10時間
準備物：なし

●表現の工夫を視点ごとにまとめる

　第6時のポイントは，書くことの活動である日本文化のよさを伝える文章づくりに生かすことのできる筆者の述べ方の工夫をまとめることです。まとめる際には，筆者の表現の工夫について「論の展開」「表現の工夫」「絵の示し方」の視点を提示し，項目ごとに整理してまとめるようにします。そうすることによって，自分の文章づくりに生かしやすくなると考えます。整理してまとめたものは，「高畑さんの表現集」として残し，自分たちの文章に生かすようにさせます。

★高畑さんの表現の工夫を自分たちの文章にもいかしていこう

【ふり返り】
①読み取った表現の工夫とその効果について
②自分の文章にどういかせそうか

❶筆者の表現の工夫を見付ける

自分の書く文章に生かせそうな高畑さんの表現の工夫がある箇所にサイドラインを引きましょう。

これまでもけっこう見付けてきたな。

　個人で「○○が伝えたい日本文化のみりょく」という文章づくりに生かせそうな筆者の表現の工夫を見付けさせる。見付けた工夫の本文の箇所にサイドラインを引くようにする。

❷表現の工夫の視点を整理する

筆者の表現の工夫について，「論の展開」「表現の工夫」「絵の示し方」の項目ごとに整理してまとめましょう。

この表現の工夫は「論の展開」になるね。

　筆者の表現の工夫について，「論の展開」「表現の工夫」「絵の示し方」の視点を提示する。1人にサイドラインの箇所を発表してもらい，二つ程度，視点による整理を全体で例として行う。視点別の整理のイメージをもたせるようにする。

本時の目標	・筆者の表現の工夫を見付け出し，視点ごとに整理してまとめることができる。	本時の評価	・筆者の表現の工夫を見付け出し，視点ごとに整理してまとめている。

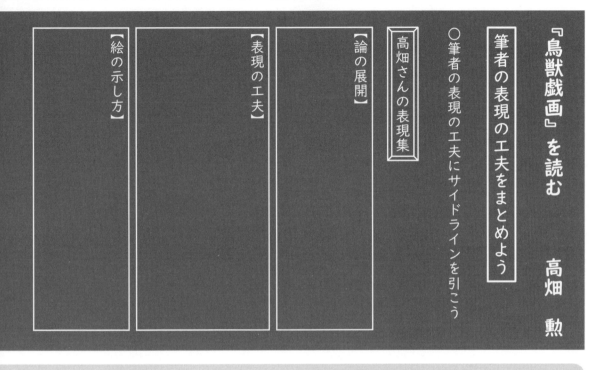

❸ グループで分類・整理する

それぞれで見付けた筆者の表現の工夫をグループで出し合い，話し合いながら整理しましょう。

「どうだい」という表現は工夫だよね。

ぼくもそこに線を引いたよ。表現の工夫だよね。

　個人で見付けた筆者の表現の工夫について，グループで出し合い，視点に沿って話し合いながら整理をさせるようにする。整理してまとめたものは，「高畑さんの表現集」として自分たちの文章に生かすようにさせる。

❹ 学習を振り返り，次時の見通しをもつ

今日の学習の振り返りをしましょう。振り返りをする観点は…。

話しかける表現は，自分の表現にも生かせそう…。

　「読み取った表現の工夫とその効果について」「自分の文章にどう生かせそうか」を観点にして振り返りをノートに書かせる。数人に発表をさせて，本時のがんばりを肯定的に評価し，伝えるようにする。次時は，伝えたい日本文化についての題材を決めることを伝え，学習を終えるようにする。

発見，日本文化のみりょく

準備物：なし

●題材を決めるための手立て

　第7時のポイントは，「発見，日本文化のみりょく」で紹介する題材を各自で決定することです。題材の選定の視点を広げるために，本時では自分で「日本文化について書かれた本」を探すだけではなく，グループの友達が探した本についても情報を得る場面を設けます。そうすることによって，日本文化の視点を広げることになり，題材の選定の幅が広がると考えます。

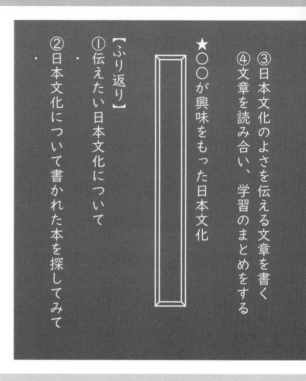

★ ○○が興味をもった日本文化

③ 日本文化のよさを伝える文章を書く
④ 文章を読み合い、学習のまとめをする

【ふり返り】
① 伝えたい日本文化について
② 日本文化について書かれた本を探してみて

❶日本文化について書かれた本に触れる

日本文化について書かれた本があります。教科書で紹介している本を確認しましょう。

『しめかざり』か。読んでみたいな。

　教科書 p.165「日本文化について書かれた本」を見て，日本文化について書かれている本があることを確認する。教師が選んだ「日本文化について書かれた本」と，その日本文化を選んだ理由を紹介する。

❷学校図書館で本を読み，感想を伝え合う

学校図書館で，日本文化について書かれた本を探して読んでみましょう。

見付けた！ お祭りについて書かれた本だ。

　学校図書館に移動し，日本文化について書かれた本を探して読んでみる。読んでみた感想や気付きについてグループで伝え合うようにする。自分が探した日本文化だけではなく，グループでの伝え合いから，日本文化への興味を広げさせるようにする。

本時の目標	・学習の見通しをもち，伝えたい日本文化の題材を決定することができる。	本時の評価	・学習の見通しをもち，伝えたい日本文化の題材を決定している。

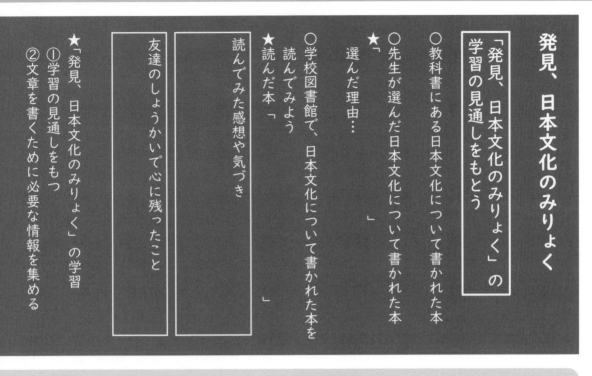

❸ 題材を決める

　教科書 p.166「問いをもとう」「目標」をもとにして「発見，日本文化のみりょく」の学習の見通しをもたせる。次に，伝えたい日本文化の題材を決定する。学校図書館で自分が探した本や，グループでの伝え合いから興味をもった日本文化を取り上げるようにする。

❹ 学習を振り返り，次時の見通しをもつ

　「伝えたい日本文化について」「日本文化について書かれた本を探してみて」を観点にして振り返りをノートに書かせる。数人に発表をさせて，本時のがんばりを肯定的に評価し，伝えるようにする。次時は，伝えたい日本文化についての情報を集めることを伝え，学習を終えるようにする。

第7時　65

8/10時間 発見，日本文化のみりょく

準備物：なし

● 情報を三部構成に整理する

　第8時のポイントは，集めた情報を三部構成に整理することです。これまでに三部構成については説明文の読み取りの際に，何度となく経験を積んできています。ただ，自身が集めた生の情報から三部構成に整理するという学習経験は，あまり積んできていないのが実情です。そのために，教科書 p.167の「文章の構成を考えるときは」を参考にして，三部構成の整理を行うようにします。学級の実態に応じて，第7時で教師が示した日本文化について書かれた本から，情報を三部構成に整理した例を示してもよいでしょう。

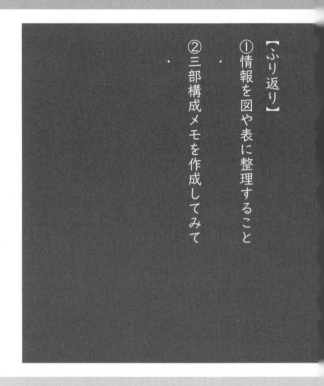

【ふり返り】
① 情報を図や表に整理すること
② 三部構成メモを作成してみて

❶ 必要な情報を集める

「興味をもった日本文化について調べましょう。」

「必要な情報を集めよう。」

　興味をもった日本文化について調べさせる。学校図書館の関連した本や1人1台端末を活用して情報を収集する。時間が足りない場合は，他教科との関連を考えて情報収集の時間を確保するように配慮する。

❷ 図や表に整理する

「『図を使って考えよう』を参考にして，集めた情報を図や表に整理しましょう。」

「図にすると自分も分かりやすくなる。」

　教科書 pp.311-312「図を使って考えよう」を参考にして，集めた情報を図や表に整理する。調べた情報を図や表に可視化して整理や分析をすると，無自覚なものが自覚され，新たな発見が期待できる。

本時の目標	・興味をもった日本文化について情報を集め、図や表に整理することができる。	本時の評価	・興味をもった日本文化について情報を集め、図や表に整理している。

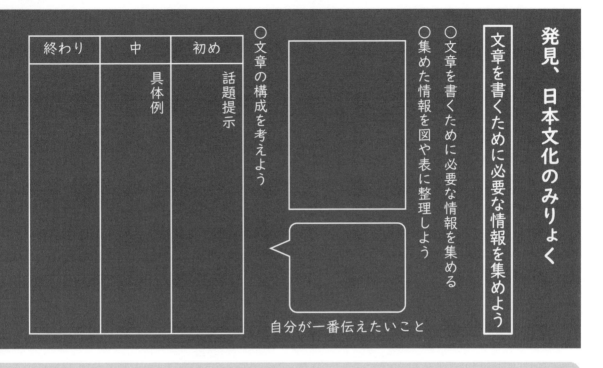

❸ 文章の構成を考える

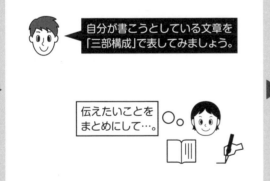

教科書 p.167「文章の構成を考えるときは」を参考にして、最も伝えたいことが効果的に読み手に伝わる構成について考える。ノートに枠を書き、「初め」「中」「終わり」の三部構成メモを作成させる。「初め」には話題の提示、「中」には具体例、「終わり」で伝えたいことを書くようにする。

❹ 学習を振り返り、次時の見通しをもつ

「情報を図や表に整理すること」「三部構成メモを作成してみて」を観点にして振り返りをノートに書かせる。数人に発表をさせて、本時のがんばりを肯定的に評価し、伝えるようにする。次時は、文章を完成させることを伝え、学習を終えるようにする。

9/10時間　『鳥獣戯画』を読む／発見，日本文化のみりょく

準備物：なし

●書くことの抵抗感をなくす

第9時のポイントは，書くことが苦手な児童のために，文章を紙に書くのではなく，学習用端末を活用することです。事実と考えを違う色のテキストにすることで，事実と意見を区別して書くことの意識付けを図ることができます。また，文章を紙に書いた場合，訂正する際に消して書き直すという作業が入りますが，1人1台端末を活用した場合は変更や移動が容易にでき，書くことの抵抗感をなくすことができます。

【ふり返り】
① 高畑さんの表現の工夫をいかすことができたか
② 日本文化のよさを伝える文章を書いてみて

❶「高畑さんの表現集」を振り返る

文章を書く前に，以前作った「高畑さんの表現集」を振り返りましょう。

高畑さんのたくさんの工夫があったな。

第6時で作成した「高畑さんの作品集」を再び読み，表現の工夫について振り返る。高畑さんの表現の工夫を，自分の文章に生かすことを全体で確認する。また，伝えたいことに合った言葉や表現を選ぶことを押さえる。

❷作例を読んで自分の文章に生かす

教科書に載っている高橋さやさんの「和食の心」を読んでみましょう。

上手に書いているなぁ。学ぶことが多そう。

教科書 pp.168-169の高橋さんの作例や，QRコードから見られる作例を全体で読む。作例の表現の工夫を見付けて，自分の文章に生かすようにする。

| 本時の目標 | ・選んだもののよさが，読む人に伝わるように書き表し方を工夫して文章を書くことができる。 | 本時の評価 | ・選んだもののよさが，読む人に伝わるように書き表し方を工夫して文章を書いている。 |

発見，日本文化のみりょく

日本文化のよさを伝える文章を書こう

○「高畑さんの表現集」をふり返ろう
　自分の表現にいかそう
↓
○高橋さやさん「和食の心」を読もう
　伝えたいことに合った言葉や表現を選ぼう
↓
○QRコードの作例を読もう
　選んだもののよさを効果的に伝えるための工夫
　自分の表現にいかそう
↓
○「よさを伝える文章を書くときは」を全体で確認しよう
・簡単に書く部分とくわしく書く部分を区別する
・よさがよりよく伝わるように写真の使い方や，文末表現などの言葉の使い方を考える
↓
日本文化のよさを伝える文章を書こう！

❸日本文化のよさを伝える文章を書く

いよいよ日本文化のよさを伝える文章を書きましょう。

がんばって書き上げよう。

　教科書 p.168「よさを伝える文章を書くときは」を全体で確認する。簡単に書く部分と詳しく書く部分を区別することや，伝えたいことに合った言葉を用いることを押さえる。
　確認後に，日本文化のよさを伝える文章を書く。

❹学習を振り返り，次時の見通しをもつ

今日の学習の振り返りをしましょう。振り返りをする観点は…。

高畑さんの表現の工夫を使ってみたよ…。

　「高畑さんの表現の工夫を生かすことができたか」「日本文化のよさを伝える文章を書いてみて」を観点にして振り返りをノートに書かせる。数人に発表をさせて，本時のがんばりを肯定的に評価し，伝えるようにする。次時は，書いた文章を友達と読み合うことを伝え，学習を終えるようにする。

10 発見，日本文化のみりょく

10時間
準備物：なし

● 学級全員の文章を読む

　第10時のポイントは，学級全員が書いた文章を一人一人が読むことです。「友達の日本文化のよさを伝える文章を読み，友達の感じ方に触れて，日本文化のよさや表現の工夫に関心をもつこと」は，言葉の見方・考え方を育もうとする国語科の目標に合致します。

　学級全員の文章に触れるためには，グループの中で1人1台端末を見合い，学習用端末をグループに置いたままグループ間で移動して見合う方法が有効です。目を通した証として，よいと思ったことを入力します。入力に時間がかかる場合は，付箋に書いて机に貼っていくのもよいでしょう。

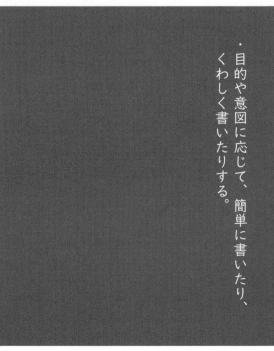

・目的や意図に応じて、簡単に書いたり、くわしく書いたりする。

❶ 自分の書いた文章を読む

前時で書いた自分の「日本文化のよさを伝える文章」を読んでみる。表現や言い回し等でおかしな箇所はないか，最後の校正を行う。各自で声に出して読ませてみてもよい。この後，友達の文章を読んでいくことを伝える。

❷ グループ内で回し読みをする

前時で書いた「日本文化のよさを伝える文章」をグループ内で読み合う活動を行う。読んだ後は，よいと思ったところを記名とともに学習用端末に入力することを説明する。入力に時間がかかる実態がある場合は，付箋に書いて机に並べることを説明する。まずは，グループ内で回し読みをする。

本時の目標	・友達の文章を読んで、よいと思ったところを伝え合うことができる。	本時の評価	・友達の文章を読んで、よいと思ったところを伝え合っている。

発見、日本文化のみりょく

書いた文章を読み合い、学習のまとめをしよう

○自分の文章を読んで最後の校正をしよう
○グループ内で読み合おう
 ・よいと思ったところを入力する（名前も）
○グループどうしで読み合おう

★単元の学習をふり返ろう
 知る…
 読む…
 書く…
 つなぐ…

★たいせつ
目的や意図に応じて、効果的に伝える
・伝えたいことが伝わりやすい構成や表現、写真などの使い方を考える。

❸ グループ同士で回し読みをする

「グループ内で読み終わったら、今度はグループ同士で移動して読み合いましょう。」

「ほかのグループの人たちの文章も読んでみたいな。」

　グループ内での回し読みが終わったら、終わったグループ同士で移動し、再び回し読みをする。繰り返して、入力しながら学級全員が書いた文章を一人一人読むようにする。

❹ 単元の学習を振り返る

「これまでずっとがんばってきた単元の学習の振り返りをしましょう。」

「たくさん力が付いたと思うよ。」

　教科書 p.169「ふりかえろう」をもとにして、単元の学習を振り返る。「たいせつ」で身に付けた力を押さえ、ノートにまとめて学習を終えるようにする。

カンジー博士の漢字学習の秘伝

2時間

1 単元目標・評価

・第6学年までに配当されている漢字を読むとともに，漸次書き，文や文章の中で使うことができる。（知識及び技能(1)エ）
・文や文章の中で漢字と仮名を適切に使い分けるとともに，送り仮名や仮名遣いに注意して正しく書くことができる。（知識及び技能(1)ウ）
・言葉がもつよさを認識するとともに，進んで読書をし，国語の大切さを自覚して，思いや考えを伝え合おうとする。（学びに向かう力，人間性等）

知識・技能	第6学年までに配当されている漢字を読むとともに，漸次書き，文や文章の中で使っている。（(1)エ） 文や文章の中で漢字と仮名を適切に使い分けるとともに，送り仮名や仮名遣いに注意して正しく書いている。（(1)ウ）
主体的に学習に取り組む態度	工夫して漢字学習を行うことに進んで取り組み，今までの学習を生かして漢字を正しく書こうとしている。

2 単元のポイント

教材の特徴

　自分が苦手とする漢字を知り，学習に生かすことは，漢字の学習に限ったことではなく，どの学習にも当てはまることであろう。この小単元での漢字の学習を通して，家庭学習等でも活用できる汎用的な学習の仕方を身に付けさせていきたい。

この単元で知っておきたいこと

　教科書では，それぞれの秘伝について紹介されている。これまでの漢字の学習の振り返りを活用しながら，どの秘伝が自分に必要な秘伝なのかを考えさせることにより，教科書の内容をもとに，学習を自分のものにできるようにしていきたい。

3 学習指導計画（全2時間）

次	時	目標	学習活動
一	1	・漢字学習の三つの秘伝について理解するとともに，第6学年に配当されている漢字を読み，漸次書くことができる。	○漢字テストを振り返りながら，三つの秘伝を理解し，漢字を正しく書く。
二	2	・工夫して漢字学習を行うことに進んで取り組み，漢字を正しく書くことができる。	○これまでに学習した漢字を三つの秘伝で分類するとともに，自分なりの秘伝も見付けながら学習することにより，効果的な学習方法について理解する。

秘伝はいくつあるの？

　自分の少年時代を振り返ってみると，ひたすら漢字練習帳に同じ漢字を繰り返し書くような方法で，漢字を覚えていました。当時の自分が，本単元で出てきたような秘伝を意識することができれば，もう少し楽しく漢字の学習を進めることができたのではないかと思います。

　さて，今回秘伝が三つ紹介されていますが，このほかにも子どもたちそれぞれが自分で身に付けてきた秘伝があるはずです。（例えば，漢字を部品に分けて覚える，部首ごとにまとめる等）そのような秘伝についても授業中に取り上げ，共有していくことで学級オリジナルの秘伝書ができあがっていきますね。

カンジー博士の漢字学習の秘伝

1/2時間　準備物：黒板掲示用資料

●**実際に分類してみる**

　本単元は，漢字を学習するポイントについて整理するいい機会です。教科書pp.170-171の，本単元での新出漢字を実際に学習する時に活用できるように，授業の中で確認する機会を設定しましょう。場合によっては，本時のまとめの際に，秘伝を意識させながら漢字練習を行う時間を設け，次時の導入部分で確認してみるのもよいでしょう。

❶**どちらが正しい漢字かを話し合う**

「上達」「通路」などの例題を解きながら，横画の本数や縦画がつき出すかどうかのように，漢字を覚える際に気をつけることを振り返る。

❷**本時の課題をつかむ**

漢字を覚える時のポイントについて話し合う。その中で「線の本数」「点の数」「送り仮名」のような子どものつぶやきをもとに「どんな秘伝があるかな」という本時の課題を共有する。

本時の目標	・漢字学習の三つの秘伝について理解するとともに，第6学年に配当されている漢字を読み，漸次書くことができる。	本時の評価	・漢字学習の三つの秘伝について理解するとともに，第6学年に配当されている漢字を読み，漸次書いている。

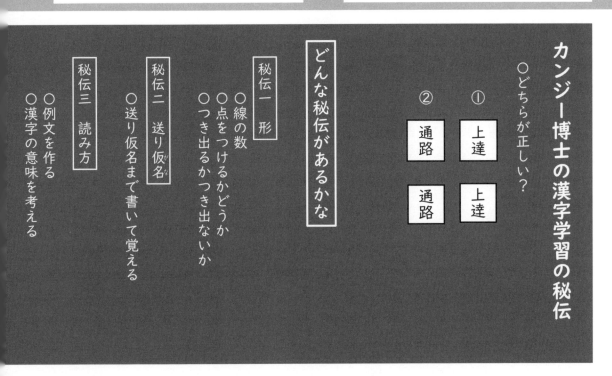

❸秘伝について整理する

　教科書を読み秘伝について確認する。また，これまで取り組んだ漢字テストの誤答やこの単元での新出漢字を覚える場合，どの秘伝を使えばいいかについて話し合う。

❹本時の学習をまとめる

　本時を振り返り，初めて知った漢字学習のポイントやこれからの学習に生かしていきたいことについてノートにまとめる。

第1時　75

カンジー博士の漢字学習の秘伝

2／2時間　準備物：なし

● 学習経験との関連

　6年間の漢字の学習の中で，子どもたちが先生や保護者，友達から学んだ漢字学習のポイントを「オリジナルの秘伝」として取り上げ，全体で共有していきます。そうすることにより，教科書に紹介されていた秘伝も含めて，自分の苦手な漢字を覚えるうえで効果的なコツを学ぶことができるでしょう。

　わずか2時間の単元ですが，漢字の習熟に対して少しでも前向きに取り組むことができるよう，秘伝を今後も生かすように声をかけていきます。

どの秘伝をマスターしたいかな

❶前時の学習を振り返る

　前時の学習を振り返り，どんな秘伝があったのかを確認する。そのうえで，教科書 p.171の課題において，どの秘伝が使えそうかについて話し合う。

❷本時の課題をとらえる

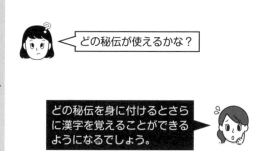

　使える秘伝について確かめながら，課題に取り組む。その中で，これから身に付けたい秘伝を見付けることができるようにする。

| 本時の目標 | ・工夫して漢字学習を行うことに進んで取り組み，漢字を正しく書くことができる。 | 本時の評価 | ・工夫して漢字学習を行うことに進んで取り組み，漢字を正しく書いている。 |

カンジー博士の漢字学習の秘伝

どの秘伝が使えるのかな

① 秘伝一
② 秘伝二
③ 秘伝三

〇他に使っている秘伝はあるかな

秘伝四　部首ごとに覚える
　　　　くにがまえ→国 図
　　　　にんべん→仏 仕 休 体

秘伝五　足し算
　　　　羽＋白＝習
　　　　言＋舌＝話

秘伝六　反対の熟語で覚える
　　　　開閉
　　　　善悪

---

❸ ほかにどんな秘伝があるか話し合う

漢字を覚える時の，自分だけの秘伝はありますか。

部首ごとに覚えるようにしています。

「部首ごとに覚える」「漢字の組み合わせで覚える」など，これまでの漢字の学習の経験から，自分なりに気をつけていることについて紹介し合う。

❹ 単元の学習を振り返る

秘伝はすべて授けてもらいましたか。

私は秘伝3を使ってこなかったから…。

前時から学習してきたことを生かし，これから身に付けたい秘伝について確かめる。

漢字の広場④

1 時間

１ 単元目標・評価

・第５学年までに習った漢字を正しく活用して文章を書くことができる。(知識及び技能(1)エ)
・示された漢字を使い，書き表し方などに着目しながら，文や文章を整えることができる。
　(思考力，判断力，表現力等Ｂ(1)オ)
・言葉がもつよさを認識するとともに，進んで読書をし，国語の大切さを自覚して，思いや考
　えを伝え合おうとする。(学びに向かう力，人間性等)

知識・技能	第５学年までに習った漢字を正しく活用して文章を書いている。((1)エ)
思考・判断・表現	「書くこと」において，示された漢字を使い，書き表し方などに着目しながら，文や文章を整えている。(Ｂ(1)オ)
主体的に学習に取り組む態度	漢字の読み書きに親しみ，進んで文や文章を書こうとしている。

２ 単元のポイント

教材の特徴

　正しく漢字を書けるようになったとしても，日記や作文で進んで使おうとしないという実態がある。本教材は，そんな「漢字は面倒」という児童の意識を変えていくのに適している。テレビ局の絵に合わせて習った漢字を使うことは，漢字の読み書きが苦手な児童でも「楽しそうだ」，「できそうだ」と感じるだろう。この活動を通して漢字を正しく使えたことの達成感や，漢字を使った文章の読みやすさを味わえるようにしたい。

言語活動

　文や文章を作る面白さを高めるため，ペアを組んで相談しながら進める。課題提示の際は，「出ている漢字をできるだけ多く使って文を作る学習です。前にもやりましたね。テーマは『テレビ局の見学』です。家の人に分かりやすく伝える気持ちで書いてみましょう」と話し，見通しをもたせる。漢字の読み書きを苦手としている児童が「やらされている」と感じないよう，導入では，ウォーミングアップとして教師と共に漢字を一つ一つリズムよく音読する活動を行う。言葉と絵の情報を確認することで，どの子も書くべき文のイメージがもてるようになる。

78　漢字の広場④

3 学習指導計画（全1時間）

次	時	目標	学習活動
一	1	・第5学年までに配当されている漢字を書き，文や文章の中で使うことができる。	○既習の漢字を正しく活用して文章を書く。 ・提示されている漢字を読む。（追いかけ読み） ・課題を知り，ペアで文を作る。 ・できあがった作品を発表し合う。

授業モードに切り替える漢字学習

　長い休み時間の後の授業（3時間目，5時間目）では，遊びの余韻で子どもたちがなかなか落ち着かない時がありますね。私は，休み時間と授業の切り替え，漢字の読み書きの習熟のために，漢字ドリルと辞書を使った「新出漢字の練習」を行っています。

　まず，新出漢字にかかわる情報（音読み，訓読み，短文，意味，熟語）を読みます。教師の後に同じことを言う「追いかけ読み」でリズムよく行いましょう。次に，すかさず「指書き用意，せーの」と指示を出し筆順を確かめます。「いち，に，さん」と声を出して，透明の黒板に字を書くように指を動かします。次に，鉛筆を持ちドリルの枠の中に漢字を書き入れます（枠がないドリルもあります）。最後に熟語の意味調べをします。辞書を使って「働き者」を調べ，見付かったら席を立って意味を読み上げます。読み終わったら，座って次の熟語「共働き」を調べます。見付けるタイミングが異なるので，教室のあちこちで子どもたちがぴょこぴょこ立つことになります。5分間で「読む・書く・話す」を行い，国語の授業の姿勢をつくります。

1　追いかけ読み　先生→みんな　※2回繰り返し
○次の五つの観点を声に出して読む。
①音読み　　先「ドウ」　　　→み「ドウ」
②訓読み　　先「はたらく」　→み「はたらく」
③短文　　　先「工場で働く」→み「工場で働く」
　　　　　　先「労働時間」　→み「労働時間」
④意味　　　先「仕事をする」→み「仕事をする」
⑤じゅく語　先「働き手」　　→み「働き手」…

2　筆順の確認　○指を鉛筆に見立てて目の前で書く。

3　漢字の書き　○ドリルの練習枠に漢字を書く。

4　熟語の意味調べ　○辞書で調べ見付けたら立って読む。

出典：谷内卓生「漢字ドリルと辞書引きで授業モードに切り替えよう！」
（『5分でできる！　小学校国語　ミニ言語活動アイデア事典』二瓶弘行編著，国語"夢"塾著，明治図書，2018）

1 漢字の広場④

1時間　準備物：なし

● 漢字を使う「楽しさ」を感じられるように

本授業ではペア学習を取り入れました。漢字や文章を書くことが苦手な子も、「作文を完成させる」という課題に向かって仲間と楽しみながら取り組めるようにします。ただし、2人の学力差等により進み具合が違ってきます。作業が進まないペアには、文を考える役を順番に担当する方法もあることを知らせておきます。

● 漢字を使う「よさ」を感じられるように

前学年の漢字の学び直しだけでなく、「漢字を使うと読みやすい」という感覚も養います。終末には、「習った漢字をどんどん日記や作文に使っていこう」と呼びかけましょう。ただし、識字障害など字の読み書きに関する特性をもっている児童へは、過度なストレスにならないように、発達状況に合わせた言葉かけや課題設定が必要です。

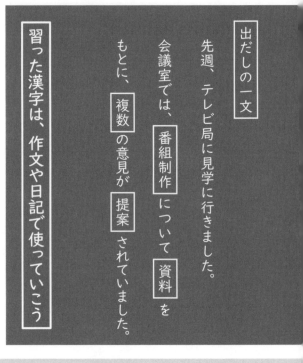

出だしの一文
先週、テレビ局に見学に行きました。会議室では、番組制作について資料をもとに、複数の意見が提案されていました。

習った漢字は、作文や日記で使っていこう

❶漢字を音読する

　まず、漢字を正しく読みましょう。先生との「追いかけ読み」です。先生から始めます。

　覚えている！5年生の時に習った漢字だ。

　テレビ局のイラストと関係があるね。

本単元は1時間である。課題をすぐに始めたいところだが、それでは「やらされている」と受動的に感じてしまう児童がいる。苦手さのある児童にも授業の見通しをもたせるには、課題にかかわるウォーミングアップが必要である。提示されている漢字を教師の後に続けて読む「追いかけ読み」を行い、使う漢字とイラストをつなげ、活動の見通しをもたせ、学習に向かう姿勢をつくる。

❷課題を理解する

　出ている漢字を使って文を作る活動をします。テーマは「テレビ局の見学」です。家の人に分かりやすく伝える気持ちで書いてみましょう。
隣の人と相談しながら、できるだけ多くの漢字を使って文を作りましょう。

課題を示す。①ペアで取り組むこと、②提示されている漢字をできるだけ多く使うことなどのルールを確認し黒板に書き残しておく。活動が始まったら、出ている漢字も黒板に示す。

| 本時の目標 | ・第5学年までに配当されている漢字を書き，文や文章の中で使うことができる。 | 本時の評価 | ・第5学年までに配当されている漢字を書き，文や文章の中で使っている。 |

漢字の広場④

テレビ局見学の作文を完成させよう

・ペアで相談しながら作る。
・出ている漢字をたくさん使って文を作る。

使う漢字

会議室
番組制作　提案　資料　複数
第1スタジオ
鉱物　輸入　貿易　利益　報道　国際情勢
解説
第2スタジオ
準備　設営　測る　指示
第3スタジオ
武士　貧しい　演技　妻　質素　指導
第4スタジオ
正解　逆転　成績　賞品
第5スタジオ
税金　主張　賛成　政治家　述べる

❸漢字を文章の中で使う

日記の出だしは，「先週，テレビ局に見学に行きました。」にします。ノートに書いたペアから始めましょう。

どの部屋から始める？
会議室にしよう。

作文活動では，出だしの文で悩み，書き出しに時間がかかる児童がいる。そのような場合は，最初の一文を示し，活動の見通しを与える。

ペアの作業は，2人の相性や学力差によって進度が異なる。作業が進まないペアには，常に一緒に考えるのではなく，文を考える役を順番に担当する方法もあることを知らせる。

❹完成した作文を発表する

グループで作文を紹介し合いましょう。聞く人は漢字を正しく使えているかを確かめながら聞きましょう。

君たちのペアは漢字を上手に使っていたよ。
出ている漢字を全部使って書けていたね。

残り10分になったら作業を止め，1組のペアを指名し全体の前で発表させる。他のペアにも発表の機会を与えるため，複数のペアをグループにして作文を発表し合える場をつくる。

最後に本時を振り返る。どの感想も好意的に受け止める。そして「どのペアも上手です。漢字を使った文は読みやすいですね。習った漢字はどんどん使っていきましょう」と話し，今後の作文活動につなげる。

物語を読んで考えたことを，伝え合おう

ぼくのブック・ウーマン

4時間

Ⅰ 単元目標・評価

・日常的に読書に親しみ，読書が，自分の考えを広げることに役立つことに気付くことができる。（知識及び技能(3)オ）

・文章を読んで理解したことに基づいて，自分の考えをまとめることができる。（思考力，判断力，表現力等C(1)オ）

・言葉がもつよさを認識するとともに，進んで読書をし，国語の大切さを自覚して，思いや考えを伝え合おうとする。（学びに向かう力，人間性等）

知識・技能	日常的に読書に親しみ，読書が，自分の考えを広げることに役立つことに気付いている。（(3)オ）
思考・判断・表現	「読むこと」において，文章を読んで理解したことに基づいて，自分の考えをまとめている。（C(1)オ）
主体的に学習に取り組む態度	進んで文章を読んで理解したことに基づいて自分の考えをまとめ，学習課題に沿って考えたことを伝え合おうとしている。

② 単元のポイント

この単元で知っておきたいこと

　「ぼくのブック・ウーマン」は教科書改訂に伴い，新しく掲載された物語文である。この物語文を読むことを通して，自主・自律の精神を養うとともに，責任や平等などを重んずる態度を養っていきたい。

　ケンタッキーの山に住む人々へ馬やラバに乗って悪天候の日も本を届けにくるブック・ウーマンと，まだ本を知らなかった男の子の話である。「ブック・ウーマン」とは，1930年代米国，ルーズベルト大統領の雇用促進政策により，馬に乗り，遠隔地に赴いて無料で本を届ける仕事をしていた女性たちのことである。雨の日も雪の日も本を届け，現代でいう移動図書館を維持・機能させていた。本を手に取ることができる昔と現代の環境の違いや，本を読む楽しさは変わらないこと，自分の生活や読書経験などと結び付けながら，この物語を読んで考えたことをまとめさせていきたい。

［参考文献］椿原正和『国語教科書の読解力は「図読法」でつける："作業"で物語の"構造"を読み取る指導法』学芸みらい社

3 学習指導計画（全4時間）

次	時	目標	学習活動
一	1	・学習計画を立て学習の見通しをもち，物語の設定を確かめることができる。	○学習の見通しをもつ。 ・教師の範読を聞き，語句の読み方や意味を確認する。 ・学習課題を設定し，学習計画を立てる。 ・物語の設定を確かめる。 ・場面に分ける。
	2	・文中の言葉を根拠にして，主人公の変容についてまとめることができる。	○物語全体を通して，主人公「カル」の変容について考える。 ・物語の大筋をつかむ。 ・全体構造について考える。 ・クライマックス，ピナクルについて考える。 ・主題について考える。
	3	・物語を読んで考えたことを，自分の生活や読書経験などと結び付けながらまとめることができる。	○物語を読んで考えたことを，自分の生活や読書経験などと結び付けながら原稿用紙にまとめる。 ・自分の考えをまとめる。 ・文章構成を考える。 ・原稿用紙に文章を書く。
	4	・まとめたものをグループで読み合い，考えの共通点や相違点を伝え合おうとする。	○まとめたものをグループで読み合い，考えの共通点や相違点を伝え合う。 ・まとめたものをグループで読み合う。 ・共通点を伝え合う。 ・相違点を伝え合う。 ○読んでみたい本を探す。

作業を通して物語の構造を理解していく

　読解力を高めるために効果的な指導法だといわれているのが，「場面の再記述」「要約指導」「テキストの構造読み」です。「場面の再記述」は，物語をいくつかの場面に分けた後，それぞれの場面ごとの内容を，簡潔な図にまとめます。図にまとめたものをもとに，場面の内容を短く，時系列順に口頭で言わせます。そのことで，物語の内容をより深く理解できます。「要約指導」は，口頭で言わせたあらすじを25字以内にまとめます。学習指導要領解説に「要約の分量などを考えて要約することが重要」とありますが，それをもとに25字以内としているのです。「テキストの構造読み」は，上記の内容を一覧にまとめ，主題を考える学習になります。これらの学習過程を年間にいくつか設定されている物語文の単元の中で繰り返し指導することで，一人一人が自分の力で作業できるようになり，探究的な学習へとつながっていきます。

1/4時間 ぼくのブック・ウーマン

準備物：国語辞典

●ルーブリックを用いた学習活動

　本単元は11・12月に学習を行うように計画されています。小学校生活で物語文を学習するのは、2月の「海の命」で最後です。これまで、多くの物語文の学習を積み重ねてきました。そこで、物語文の学習の総まとめとして、学習課題や学習計画を設定する際、子どもたちと一緒にルーブリックを作成し、児童一人一人が主体的に学習課題に取り組めるようにしたいものです。

　ルーブリックを作成する時は、「変化のある繰り返し」「趣意説明」が大切になります。例えば、意味調べでは調べた単語の数がただ増えればよい評価になるのではなく、調べた語句を使って文章を作る活動を高い評価にします。また、なぜ音読に取り組むのか、速く読むことにどんな意義があるのか、子どもたちに伝えます。そうすると、子どもたちは熱中して学習に取り組むはずです。

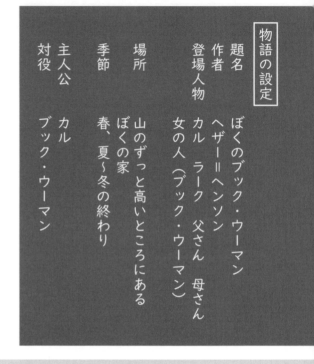

物語の設定
題名　　ぼくのブック・ウーマン
作者　　ヘザー＝ヘンソン
登場人物　カル　ラーク　父さん　母さん　女の人（ブック・ウーマン）
場所　　山のずっと高いところにあるぼくの家
季節　　春、夏〜冬の終わり
主人公　カル
対役　　ブック・ウーマン

❶文中の語句の読みや意味を確認する

先生が物語を読みます。読み方が分からない言葉に、読み仮名を付けます。

「気配」って、どんな意味だっけ？

よく聞いて、読み仮名をメモしなきゃ。

　範読する前に、読み方が分からない語句にルビをふるように指示をする。範読後、意味の分からない語句を発表させ、意味調べを行う。1人で全部の語句を調べるのは時間がかかる。そこで、個人や班ごとなどクラス全員に調べる語句を割り振り、スプレッドシートにそれぞれ書かせることで時間の短縮を図る。機会を見付け、一人一人が繰り返し辞典を使う経験を積むことが大切である。

❷学習課題、学習計画を設定する

学習課題、学習計画をみんなで考えましょう。

天気のひどい日でも、本を届けてくれるブック・ウーマンはすごいと思います。

どうしてカルは、急に本を読みたくなったんだろう。

　次に、学習課題と学習計画を立てていく。予習として先に音読をさせておき、内容について共感、反対、疑問、発見など思ったことを簡単に発表させる。それらをもとに、「考える」についてのルーブリックを子どもたちと一緒につくっていく。「読む・調べる」「伝える」については、ほかの物語文や説明文の単元でも同様に学習できる内容なので、教師から提示してよいだろう。

| 本時の目標 | ・学習計画を立て学習の見通しをもち，物語の設定を確かめることができる。 | 本時の評価 | ・学習計画を立て学習の見通しをもち，物語の設定を確かめている。 |

ぼくのブック・ウーマン

学習課題と学習計画を立てよう

	スタートレベル	クリアレベル	スーパーレベル
読む・調べる	音読を5回した	音読を10回した	全文を6分以内で読めた（　）分（　）秒
		ワークテスト80点以上	ワークテスト90点以上
	意味調べ：辞典で言葉の意味を5個調べた	意味調べ：辞典で言葉の意味を10個調べた	意味調べ：調べた言葉を使って100字以上の作文を書いた
	題名、作者、登場人物、場所、季節、主人公について、二つまでノートに書いた	題名、作者、登場人物、場所、季節、主人公について、四つまでノートに書いた	題名、作者、登場人物、場所、季節、主人公について、すべてノートに書き、主人公と対役について説明することができた
考える	三の場面をみんなといっしょに図にまとめることができた	三の場面を25字以内で要約した	他の場面をそれぞれ25字以内で要約した
	クライマックスの場面を見つけた	ピナクルの一文を見つけた	主題について、内容とその理由をノートに3行以上書いた
	自分の考えを書いた	自分の考えをまとめ、根拠を説明し、自分の生活や読書経験と結びつけることができた	原稿用紙にまとめた友達の作文を3人以上読んで、感想を伝えた
伝える	1人に質問をした	グループ全員に質問をした	グループ全員に質問をし、自分の考えも伝えた

❸物語の設定を確かめる

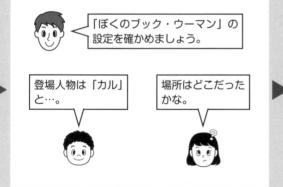

❹場面に分けて，内容をつかむ

　これまでたくさんの物語文の学習を積み重ねているので，設定の確認は教師がテンポよく発問をし，どんどんノートに書かせる。「題名」「作者」「登場人物」「場所」「時間（季節）」「主人公と対役」は確認しておきたい。設定の確認をすることで，次の場面を分ける学習の時に，考えの根拠をもたせることができる。「簡単に言うと，誰が何をした（どうなった）話か」も確認できるとさらによい。

　物語の場面は大まかに分けると，だいたい四つか三つになる。「起承転結」や「導入・展開・山場・終結」の四つに分けられるか，そのうちの三つに分けられる。教科書では場面と場面の間に1行余白が設けられているため，すでに場面が分けられている。事件で分けるとさらに細分化されるが，様々な分け方が考えられるため，教材研究で吟味し，授業に臨みたい。

第1時　85

ぼくのブック・ウーマン

2/4時間　準備物：なし

● 物語文の学習の基本的な進め方

物語文の学習の進め方は、いくつかあると思います。本単元では次のように計画しています。
① 設定（いつ・どこ・誰が出てくる）の確認
② 場面（出来事・事件）に分ける
③ 簡単な図にまとめ、あらすじの再話
④ 場面ごとに25字以内で内容の要約
⑤ まとめたものをもとにモチーフ・主題の検討

上記の学習内容は、1単元の中ですべて取り上げる必要はなく、1年間ですべての学習ができるようにすればよいです。本時では、①②③と、④の一部、⑤を取り上げています。③と④については、1場面を例に取り上げ、ほかの場面は教師からまとめたものを提示します。教材や子どもたちの実態に合わせ、物語の内容をつかむために必要な部分を焦点化して授業で取り上げましょう。

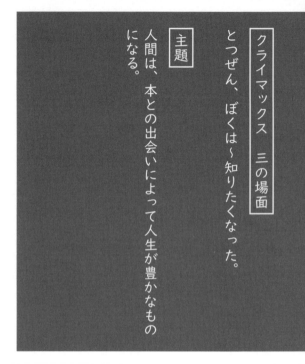

クライマックス　三の場面
とつぜん、ぼくは～知りたくなった。

主題
人間は、本との出会いによって人生が豊かなものになる。

❶ 物語の大筋をつかむ

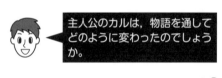

物語の大筋をつかむ時には、まず「簡単に言うと『誰がどうした』話なのか」を考えさせる。物語の筋をもう少し詳しくつかむために、四つの場面を簡単な図に表し、あらすじを25字以内で要約する。それを読ませ、内容をとらえさせる。すべての場面を子どもたちにまとめさせる必要はない。子どもたちが考えやすい場面を一緒にまとめさせ、残りは教師から提示してもよい。

❷ 全体構造について考える

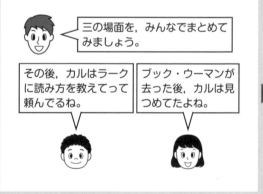

話の大筋をつかませたら、全体構造をとらえる。三の場面を子どもたちと一緒にまとめる。ほかの場面は教師が提示する。登場人物の相互の関係性の発展、カルの内的・外的発展について、本やブック・ウーマンに興味がなかったカルが興味をもつようになっていく様子を、まとめた図の中の言葉を番号順に再話させることで、より深く理解することができる。

本時の目標	・文中の言葉を根拠にして，主人公の変容についてまとめることができる。	本時の評価	・文中の言葉を根拠にして，主人公の変容についてまとめている。

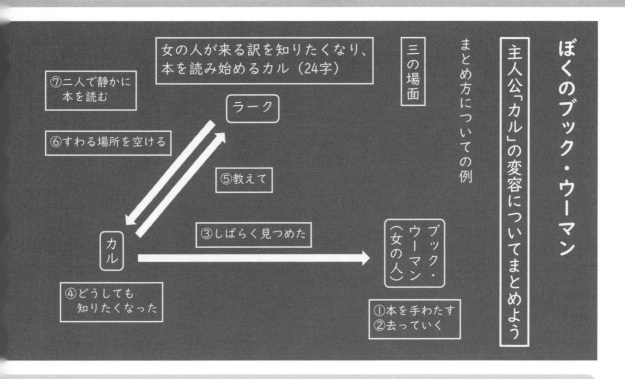

❸ クライマックスについて考える

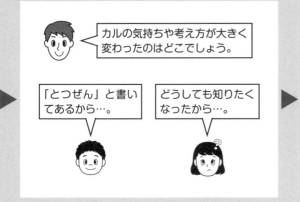

　まずは，カルの考えや気持ちが大きく変わった場面がどこかを考える。クライマックスの場面がどこかを確定したら，ピナクルを問う。ピナクルとは「物語の中で，中心人物の考えや行動がガラリと変わる一文」のことである。文章中の言葉を根拠にし，叙述から遊離せずに子どもたちが話し合いを行えるようにしたい。

❹ 主題について考える

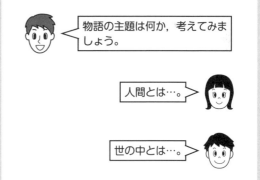

　ここまでの学習内容をもとに，物語の主題について考える。ここでの考え方は，「読者の立場として，主題をどうとらえるか」である。書き出しに悩んでいる子がいれば，「人間とは〜，世の中とは〜」といった形で書かせるとよい。学習経験の積み重ねが薄い学級であれば，教師からいくつか提示し，その中でどれだと思うかを考えさせるようにするとよい。

3 / 4時間　ぼくのブック・ウーマン

準備物：黒板掲示用資料，ワークシート（本書p.214），原稿用紙

●書く時は観点を示す

本時では，「物語を読んで考えたこと」を，「自分の生活や読書経験などと結び付けながら」まとめることを目標としています。観点の例をいくつか示し，考えを書く時の手立てとしましょう。

○「物語を読んで考えたこと」の観点例
・作品が面白いか（好きか）／・登場人物に共感できたか／・主題に納得できたか

○「自分の生活や読書経験などと結び付けながら」の観点例
・人物の行動や考え方について／・本の役割や読書の意義について／・他者とのかかわりの中で，考えが変わったり，自信が付いたりしたことについて／・これまでに読んだ，似たテーマの本について

> 文章にまとめる
> ① 構成表をもとにして，原稿用紙に自分の考えを書く。
> ② 書き終わった人からペアになっておたがいに読み合う。
> ③ 人数が増えたら，三人グループで読み合う。四人になったら二人ずつに分かれる。

❶自分の考えをまとめる

「物語に対する自分の考えを，簡単にノートにまとめましょう。」

「私も読書が苦手なのはカルと同じだから，共感できたな。」

まず，作品について「面白い」「共感できた」など，観点に沿って自分の考えをノートに書かせる。高学年であれば，「面白くなかった」「共感できない」「好きになれない」などの考えも大切にしたい。

❷文章構成を考える

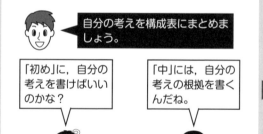

「自分の考えを構成表にまとめましょう。」

「『初め』に，自分の考えを書けばいいのかな？」

「『中』には，自分の考えの根拠を書くんだね。」

自分の考えについて簡単にまとめたものをもとに，教師が作成した構成表に自分の考えを整理しまとめ直していく。文章の段落数を「初め・中・まとめ」の3段落か，「結び」を入れた4段落構成とし，その数に対応した構成表を作成するとよい。構成表の記入例を掲示しておき，構成表を書く時の手立てとする。

| 本時の目標 | ・物語を読んで考えたことを，自分の生活や読書経験などと結び付けながらまとめることができる。 | 本時の評価 | ・物語を読んで考えたことを，自分の生活や読書経験などと結び付けながらまとめている。 |

ぼくのブック・ウーマン

物語を読んで、考えたことを構成表にまとめ、文章を書こう

構成段落	初め（作品への自分の考えを明らかにします）	中（自分の考えの理由・根拠を説明します）	まとめ（全体をまとめます）
観点	□作品がおもしろかったか　□作品が好きか　□作品の登場人物に共感できたか　□作品の主題に納得できたか	□人物の行動や考え方について　□本の役割や読書の意義について　□他者との関わりの中で、考えが変わったり、自信がついたりしたことについて　□これまでに読んだ、似たテーマの本について	
自分の考え（メモ）			

❸原稿用紙に文章を書く

構成表をもとに，原稿用紙に考えをまとめた文章を書きましょう。

字を間違えていないか，確認しないと。

　構成表をもとに，原稿用紙に文章を書いていく。ここでも，教師が例文を示しておくことで，文章を書く手がかりとさせる。早く書き終わった子から，文章の意味が通っているか，推敲させていく。

❹ペア，グループで読み合う

早く書き終わった人から，ペアやグループをつくって，お互いに読み合いましょう。

交換して読み合いましょう。

　推敲が終わった子からどんどんペアを組み，お互いの文章を読み合う。読む時は，相手の考えが文章から読み取れるかに気を付けさせる。書くのに時間がかかる子はこの間に書く時間をしっかりと確保してあげるとともに，書くのが早い子には空白の時間が生まれないように配慮をする。

ぼくのブック・ウーマン

準備物：黒板掲示用資料，前時に書いた原稿用紙，おすすめの本

● グループ交流での約束ごと

　話し合い活動は教科等横断的に行うことが大切です。話し合いのスキルを高めるとともに，発言を仲間たちにきちんと聞いてもらえる，発言を冷やかされない，発言したこと自体を否定されない等，心理的安全性を確保しておくことも重要です。以下のような約束を決めておきましょう。

・順番に聞き手を見て話す。
・返事やうなずきをする。
・応答は一つずつする。
・質問は順番にする。
・時間いっぱい話す。
・一文を短くする。
・三文で話す。「①友達と比べる　②自分の考え　③理由」
・みんなが平等に発言する。

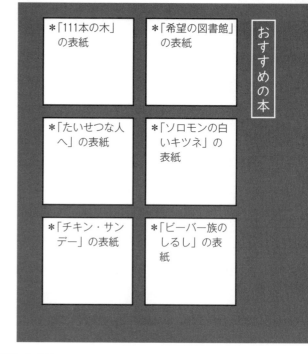

❶ グループで読み合い，比較する

　書いた文章をグループ内でお互いに読み合う際には，自分の考えと比較しながら読み，共通点や相違点について考え，読み終わった後にノートやワークシートにメモさせる。ICTの活用に慣れている学級であれば，スプレッドシートなどに共同編集で自分の考えをお互いに書き込んでもいいだろう。

❷ 共通点を伝え合う

　共通点についてお互いに伝え合う。意見発表だけで終わらないようにするために，発表順や質問の仕方，例を提示しておくとよい。

| 本時の目標 | ・まとめたものをグループで読み合い，考えの共通点や相違点を伝え合おうとする。 | 本時の評価 | ・まとめたものをグループで読み合い，考えの共通点や相違点を伝え合おうとしている。 |

ぼくのブック・ウーマン

おたがいの文章を読んで、共通点や相違点について伝え合おう

話し合いの順番
① 話す順番を決めます。
（一人の話題について三分ずつ）
② 話す人は、自分の考えについて話します。
③ 聞く人は、順番に質問をします。
④ 話す人は、質問に一つずつ答えます。
⑤ 聞く人は、答えに対して自分の考えを伝えます。
⑥ 話す人は、聞いてもらった感想を話します。
⑦ 時間になったら話す人を交代します。

話し合いの約束
・返事やうなずきをしよう。
・応答は一つずつしよう。
・時間いっぱい話そう。
・一文を短くし、三文で話そう。
「①友達と比べる ②自分の考え ③理由」
・みんなが平等に発言しよう。

（話し合いの進め方の例示）

❸相違点を伝え合う

次は，お互いの相違点を伝え合いましょう。

○○さんは，読書の意義は知識を学べることと言っていたけれど…。

私は△△さんの考えに似ていて，…。

次に，相違点についてお互いに伝え合う。共通点の伝え合いで進め方に慣れさせておき，相違点の伝え合いでもどんどん話し合わせる。

❹読んでみたい本を探す

ほかの翻訳作品を見付けて，読んでみましょう。

私は，「希望の図書館」を読んでみたいな。

「チキン・サンデー」が面白そうだな。

教科書 pp.186-187「この本，読もう」のページを参考にしながら，翻訳作品を紹介する。学校図書館や公共の図書館を活用し，読んでみたい本を借りさせる。様々な国や時代を舞台にした作品を読み，新しい価値観や考え方に触れさせる。

相手や目的を明確にして，すいせんする文章を書こう

おすすめパンフレットを作ろう

6時間

Ⅰ 単元目標・評価

・比喩などの表現の工夫に気付くことができる。（知識及び技能(1)ク）
・目的に応じて伝えたいことを明確にし，作品に対する感想や意見を伝え合うことができる。
　（思考力，判断力，表現力等 B(1)ア・カ）
・言葉がもつよさを認識するとともに，進んで読書をし，国語の大切さを自覚して，思いや考
　えを伝え合おうとする。（学びに向かう力，人間性等）

知識・技能	比喩などの表現の工夫に気付いている。((1)ク)
思考・判断・表現	「書くこと」において，目的に応じて伝えたいことを明確にし，作品に対する感想や意見を伝え合っている。(B(1)ア・カ)
主体的に学習に取り組む態度	伝えたいことを明確にするために粘り強く取り組み，学習の見通しをもって，自分が伝えたい相手へのパンフレット作成に取り組もうとしている。

② 単元のポイント

言語活動

　本単元は，「おすすめパンフレットを作ろう」という言語活動を中心に位置付けている。相
手や目的を考えて，引用したり，写真などを用いたりするなど，書き表し方を工夫し，読む人
が，実際に見たり，聞いたり，読んだりしたくなるように，工夫してパンフレットを作ってい
く。本単元では，今までの学びを発揮できるようにすることがポイントである。

この単元で知っておきたいこと

　「書くこと」の単元は，作品づくりで終わってしまうことがある。当然，子どもたちが「書
きたい！」と思える言語活動を設定することは大切だが，「楽しく作品を作ることができた」
だけで終わっては，子どもたちに確かな言葉の力は身に付かない。どの文種の文章を書く場合
にも，「書く題材の設定→取材・集材→選材→構成→記述→推敲」の過程をたどる。この過程
を子どもの力だけでたどれるようにしておくだけでも，本単元の学びがパンフレット作成で終
わることにはならず，書くための言葉の力を付けられる単元となる。

3 学習指導計画（全6時間）

次	時	目標	学習活動
一	1	・学習計画を立て，学習の必要感と見通しをもって取り組もうとする。	○おすすめパンフレット作成のための学習計画を立てる。 ・推薦した経験を交流する。 ・教科書のモデル文を参考に，完成させるおすすめパンフレットのイメージを具体的にする。 ・単元の学習計画を立てる。
二	2	・おすすめパンフレットで推薦する文章の題材を決め，必要な情報を収集することができる。	○おすすめパンフレットで推薦する題材を決め，材料を集める。 ・おすすめパンフレットで推薦してもらう時に知りたいことを考える。 ・誰に何を推薦したいのかを考える。 ・推薦したい内容とその理由について考える。 ・図書室の本，インターネット等で調べる。
	3	・おすすめパンフレットで推薦する文章の構成をとらえることができる。	○おすすめパンフレットで推薦する文章の構成について考える。 ・文章の組み立てメモの書き方を考える。 ・組み立てメモの役割を考える。 ・推薦する文章の組み立てメモを書く。 ・組み立てメモを読み合って，交流する。
	4	・おすすめパンフレットで推薦する文章の下書きを書くことができる。	○おすすめパンフレットで推薦する文章の下書きを書く。 ・下書きの書き出しの書き方を考える。 ・組み立てメモをもとに下書きを記述する。 ・最初の段落の記述を交流する。 ・下書きを完成させる。
	5	・おすすめパンフレットで推薦する文章の下書きを推敲し，清書することができる。	○下書きを読み合って推敲し，清書する。 ・文章のよさや工夫点を考える。 ・文章のよさ・工夫点を交流する。 ・自分の下書きを推敲する。 ・下書きをもとに清書する。
三	6	・友達が書いたおすすめパンフレットで推薦する文章を読み合い，感想を書いて伝えることができる。	○おすすめパンフレットで推薦する文章を読み合い，感想を交流する。 ・メッセージカードの感想の書き方を考える。 ・メッセージカードに感想を書く。 ・おすすめパンフレットで推薦する文章を読み合い，感想を交流する。 ・成長を実感できる振り返りをする。

単元について　93

おすすめパンフレットを作ろう

1／6時間　準備物：黒板掲示用資料

●推薦する文章のイメージをつかむ

　バッドモデルとグッドモデルを比較することで，「相手や目的，推薦する理由を明確にする」「読む人を引き付ける言葉で表現し，伝えたいことに合った文章を引用したり，写真などを用いたりする」などの観点を意識して文章を書くことの具体的なイメージをつかむことができます。また，そのイメージを学級全体で共有化を図っていきます。

●学習計画を立てる

　「材料を集める（題材の設定・情報の収集・内容の検討）」「文章の組み立てを考える（構成の検討）」「おすすめパンフレットで推薦する文章の原稿を書く（考えの形成・記述）」「下書きを見直す（推敲）」「読み合って感想を伝え合う（共有）」など，本単元の学習計画を立てることで，学習の見通しをもつことができます。

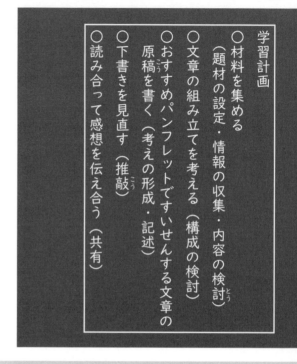

学習計画
○材料を集める（題材の設定・情報の収集・内容の検討）
○文章の組み立てを考える（構成の検討）
○おすすめパンフレットですいせんする文章の原稿を書く（考えの形成・記述）
○下書きを見直す（推敲）
○読み合って感想を伝え合う（共有）

❶推薦した経験を交流する

　友達に推薦した経験はありますか。

　前に観た映画に感動したので，それを友達に推薦したことがあるよ。

　前に聴いた音楽が，元気が出る感じの曲だったので，それを推薦したよ。

　まず，「友達に推薦した経験はありますか」と問う。「前に観た映画に感動したので，それを友達に推薦したことがあるよ」「前に聴いた音楽が，元気が出る感じの曲だったので，それを推薦したよ」等の意見を学級全員で共有化を図る。推薦した経験を交流することが，今後の学習の見通しとなる。

❷パンフレットのイメージをつかむ①

　みなさんがこれから書く文章は，推薦する言葉とその理由さえ書いてあればよいですね。

　それだと，低・中学年と変わらないよ。

　読む人を引き付けるような工夫や引用などもあったほうがいいよ。

　中身が薄い典型的なモデル文を紹介し，何がよくないのかについて考えさせる。「読む人を引き付けるような工夫や引用などもあったほうがいいよ」など，おすすめパンフレットで推薦する文章をよりよくするための工夫について考えていくことが大切である。

94　おすすめパンフレットを作ろう

| 本時の目標 | ・学習計画を立て，学習の必要感と見通しをもって取り組もうとする。 | 本時の評価 | ・学習計画を立て，学習の必要感と見通しをもって取り組もうとしている。 |

おすすめパンフレットを作ろう

学習計画について考えよう

◇おすすめパンフレットのモデルから

＊p.192のモデル文

◇すいせんする文章のポイント
・相手や目的，すいせんする理由を明確にする
・読む人を引きつける言葉で表現し，伝えたいことに合った文章を引用したり，写真などを用いたりする

❸パンフレットのイメージをつかむ②

このモデルはどうですか。

相手や目的，推薦する理由を明確にしていて，さっきのモデルとは違って，分かりやすいね。

読む人を引き付ける言葉で表現し，伝えたいことに合った文章を引用したり，写真などを用いたりしているね。

　教科書 p.192のモデル文のよさについて考えさせる。「相手や目的，推薦する理由を明確にする」「読む人を引き付ける言葉で表現し，伝えたいことに合った文章を引用したり，写真などを用いたりする」などの観点を意識して文章を書いたらよいというような具体的なイメージをつかむことができるようにしていく。

❹単元の学習計画を立てる

どのように学習を進めていきますか。

いきなりおすすめパンフレットを書くのは難しいから…。

まずは，推薦したいことを決めることから始めようかな…。

推薦することを決めなければならないね！　次に，文章の構成を考えて…。

　学習計画を決める際，子どもたちの興味・関心も受け入れながら決めていくようにしたい。ただし，子どもの思考を大切にしつつも，「題材の設定・情報の収集・内容の検討」→「構成の検討」→「考えの形成・記述」→「推敲」→「共有」等の単元の流れを子どもたちと共有していく。

おすすめパンフレットを作ろう

2/6時間　準備物：付箋

●言語活動の相手意識を明確にする

言語活動に取り組むうえで、相手意識を明確にすることは、伝えたい思いを明確にするうえでも重要です。相手意識が曖昧だと、伝えたい思いも明確になりません。クラスの誰かに書くという段階から、○○を推薦してほしいクラスの△△さんなどと、より具体的に相手意識をもたせるようにします。このことが、おすすめパンフレットを作る際に、思考力を働かせることにつながります。

●伝えたい思いの中心を明確にする

相手を具体的にした後は、推薦したいものを言語化させます。一度言語化してみることで、自分の思いを知ることができます。書くことに苦手意識がある子どももいるので、最初の段階からしっかりした思いを表現させようとせず、短い文章で書かせるとよいです。

◇学級文庫・図書室の本・インターネットで調べる
・読む人を引きつけるための工夫
・自分の考えがより伝わりやすくなる引用できる資料

❶読み手として推薦してほしいことを考える

　おすすめパンフレットでは、どんなことを推薦してほしいですか。

　私は、映画が好きなので、感動する映画を推薦してくれるとうれしいな。

　ぼくは、音楽に興味があるので、前向きな気持ちになる音楽を推薦してほしいな。

おすすめパンフレットを作る前に、「おすすめパンフレットでは、どのようなことを推薦してほしいか」ということを考えることで、「○○を推薦してほしいクラスの△△さん」というように、おすすめパンフレットを書く時に相手意識が明確になる。今後の授業展開で、「△△さんに、○○を推薦したい」という思考につなげていきたい。

❷誰に何を推薦したいのかを考える

　誰に何を推薦したいのですか。

　ぼくは、○○さんに、感動する映画を推薦したいね。

おすすめパンフレットで、誰に何を推薦したいのか、どのようなことを推薦したいのかを考えさせる。学習過程の「題材の設定」に取り組むために、付箋に自分の推薦したいことを記述させる。その際、赤の付箋には、自分が一番推薦したいことを、青の付箋には、その他推薦したいことを記述させる。

本時の目標	・おすすめパンフレットで推薦する文章の題材を決め、必要な情報を収集することができる。	本時の評価	・おすすめパンフレットで推薦する文章の題材を決め、必要な情報を収集している。

おすすめパンフレットを作ろう

おすすめパンフレットですいせんする内容の見通しをもち、書く内容を考えよう

◇読み手としてすいせんしてほしいこと

（例）
・映画が好きなので、感動する映画をすいせんしてくれるとうれしい（〇〇さん）
　「ドラえもん」

（例）
・音楽に興味があるので、前向きな気持ちになる音楽をすいせんしてほしい（△△くん）
　「未来へ」

・本が好きなので、心が安らぐ本をすいせんしてほしい（□□さん）

◇すいせんしたいことをふせんに書く
・一番すいせんしたいこと→赤のふせん
・その他すいせんしたいこと→青のふせん

❸推薦したい内容と理由について考える

なぜ、〇〇を推薦したいのですか。

私が推薦したい音楽は、前向きな気持ちになりたい△△くんに、5年生の学芸会の時に歌った「未来へ」です。ピアノの音と高音の歌声が重なり合っていてすてきだからです。

「なぜ、〇〇を推薦したいのですか」と推薦したい理由を問うことで、おすすめパンフレットの推薦する文章を書く時の中心となる事柄について考えることができる。「私が推薦したい音楽は、前向きな気持ちになりたい△△くんに、5年生の学芸会の時に歌った『未来へ』です。ピアノの音と高音の歌声が重なり合っていてすてきだからです」等の意見を取り上げ、全体で共有したい。

❹図書室の本等で調べる

学級文庫や図書室の本やインターネットで、どんなことを調べたいですか。

推薦する時に読む人を引き付けるための工夫や、自分の考えがより伝わりやすくなる、引用できる資料を探したいです。

「推薦する時に読む人を引き付けるための工夫や、自分の考えがより伝わりやすくなる、引用できる資料を探したいです」等の考えを価値付ける。また、思うように調べる活動が進まない子どもには、「例えば、〇〇という本のp.〇を見るといいよ」「△△というサイトを見たらいいかもしれないね」等、アドバイスをすることも必要になってくるかもしれない。

おすすめパンフレットを作ろう

3 / 6時間　準備物：なし

●組み立てメモの書き方を考える

　組み立てメモは，おすすめパンフレットで推薦する文章の骨格になるので，短く箇条書きで書くとよいことを押さえます。また，教科書 p.192のモデル文の「相手や目的，推薦する理由を明確にする」「読む人を引き付ける言葉で表現し，伝えたいことに合った文章を引用したり，写真などを用いたりする」等の観点に沿って，短く箇条書きで組み立てメモを記述していきます。おすすめパンフレットで推薦する文章の組み立てメモにも生かすことができます。

●おすすめパンフレットの組み立てメモを書く

　モデル文を使って考えた構成メモの書き方（pp.189-191）を，自分の組み立てメモを書く場面で，いかに活用することができるのかという視点をもたせることができるとよいでしょう。

> まとめ
> 組み立てメモを並べることで，おすすめパンフレットですいせんする文章につなげていくことができる

❶文章の組み立てメモの書き方を考える

「p.192のモデル文を参考に，組み立てメモの書き方を考えてみましょう。」

「短く，箇条書きで書いたらいいよね！」

「前の時間までに参考にした教科書のモデル文の構成が参考になるね！」

　「書くこと」領域の既習の学習経験をもとに組み立てメモの書き方を考える。p.192のモデル文の「相手や目的，推薦する理由を明確にする」「読む人を引き付ける言葉で表現し，伝えたいことに合った文章を引用したり，写真などを用いたりする」等の観点を参考にする。おすすめパンフレットの骨格になるので，短く箇条書きで書くことを押さえる。

❷組み立てメモの役割を考える

「自分が推薦したい文章の内容をそのまま組み立てメモに書けば大丈夫ですね。」

「それはだめだよ！」

「組み立てメモは，中心を絞って書くんだよ！」

　「自分が推薦したい文章の内容をそのまま組み立てメモに書けば大丈夫ですね」と投げかける。「それはだめだよ！　組み立てメモは，中心を絞って書くんだよ！」等の発言が見られる。組み立てメモは，文章全体の骨格になるという役割を意識させたい。そうすることで，活動の意味に納得したうえで，組み立てメモを記述することができるようになる。

本時の目標	・おすすめパンフレットで推薦する文章の構成をとらえることができる。	本時の評価	・おすすめパンフレットで推薦する文章の構成をとらえている。

おすすめパンフレットを作ろう

組み立てメモの書き方について考えよう

◇ポイント
・短く書く
・箇条書きで書く

◇構成の観点（基本形）
・相手や目的、すいせんする理由を明確にする
・読む人を引きつける言葉で表現し、伝えたいことに合った文章を引用したり、写真などを用いたりする

◇六年〇組のすいせん極意
・読む人を引きつけるよう、見出しを工夫したり他と比べたよさを示したりする
・伝えたいことに合う写真などを選ぶ
・どんな言葉や文を引用すれば、自分の考えがより伝わりやすくなるかを考え、適切な分量をぬき出す

❸パンフレットの組み立てメモを書く

おすすめパンフレットで推薦する文章の組み立てメモを書いてみましょう。

短く、箇条書きで書くんだったかな？

モデルを生かすと書きやすいね！

クラス全員で共有した組み立てメモの観点に沿って、短く箇条書きで組み立てメモを記述していく。手が止まってしまう場合には、進んでいる友達の組み立てメモを参考にしながら、自分が推薦したいことを記述していくとよい。自分たちで意見を出し合って考えた「6年〇組の推薦極意」を参考にしてもよい。

❹組み立てメモを読み合い、交流する

書いた組み立てメモを読み合って、交流しましょう。

短く箇条書きで書けていていいね！

これなら、おすすめパンフレットで推薦する文章を書けそうだね！

お互いの組み立てメモのよさや改善点について交流する。友達のよさから、自分自身の組み立てメモを改善し、より精度の高いものにしていきたい。「早くみんなに推薦したいな！」「最初は書き方がよく分からなかったけど、きちんと書けたと思う」というような前向きな気持ちで下書きに向かわせていきたい。交流してよくなった記述を見付けて、価値付けていきたい。

おすすめパンフレットを作ろう

4/6時間
準備物：なし

●書き出しの書き方を考える
　教科書のモデル文の書き出しの書き方を参考にさせます。教科書のモデル文の書き出しは，最初に，読み手にインパクトを与えるように端的に書いたり，呼びかけをしたりするような書き出しになっています。そうすると，主張が明確になりやすいということをとらえさせていきましょう。

●組み立てメモをもとに下書きを記述する
　「相手や目的，推薦する理由を明確にする」「読む人を引き付ける言葉で表現し，伝えたいことに合った文章を引用したり，写真などを用いたりする」等の観点に着目させていきます。また，教科書のモデル文のよさを生かしたり，組み立てメモを参考にしたりして書いていきます。

◇下書きを完成させる

❶書き出しの書き方を考える

最初の「書き出し」の書き方を考えましょう。教科書のモデル文は「これからのぼくたちを支えてくれる曲。それが『Believe』です。」になっていますね。

あ，分かった。選んだ言葉の説明を端的に書くような書き出しにすると，主張が明確になりやすいよね。

　組み立てメモはできているが，いざ文章を書き出す時になると，書き出しが難しい。何も指示を出さずに書く作業をさせると，手が止まってしまう子どもが出る可能性があるので，丁寧に，教科書のモデルの文章の書き出しの書き方を参考にさせる。主張が明確な書き出しの文章にするとよいということをとらえさせていきたい。

❷組み立てメモをもとに下書きを記述する

組み立てメモを生かして，下書きを書いてみましょう。

「相手や目的，推薦する理由を明確にする」「読む人を引き付ける言葉で表現し，伝えたいことに合った文章を引用したり，写真などを用いたりする」などの観点を意識して書きたいね。

　「相手や目的，推薦する理由を明確にする」「読む人を引き付ける言葉で表現し，伝えたいことに合った文章を引用したり，写真などを用いたりする」等の観点に着目して書いていきたい。さらに，教科書のモデル文や組み立てメモを参考にし，自分の経験やエピソード，図書室の本やインターネットで調べて自分の論を補強したこと等を詳しく書いていくとよい。

本時の目標	・おすすめパンフレットで推薦する文章の下書きを書くことができる。	本時の評価	・おすすめパンフレットで推薦する文章の下書きを書いている。

おすすめパンフレットを作ろう

下書きの書き方を考えよう

◇構成の観点
・相手や目的、すいせんする理由を明確にする
・読む人を引きつける言葉で表現し、伝えたいことに合った文章を引用したり、写真などを用いたりする

◇組み立てメモを見て、下書きを書く

◇六年〇組のすいせん極意
・読む人を引きつけるよう、見出しを工夫したり他と比べたよさを示したりする
・伝えたいことに合う写真などを選ぶ
・どんな言葉や文を引用すれば、自分の考えがより伝わりやすくなるかを考え、適切な分量をぬき出す

---

❸最初の段落を交流する

「おすすめパンフレットで推薦する文章」の最初の段落を読み合って、交流しましょう。

読み手を引き付ける書き出しがすてきだね。

読み手に呼びかけるような表現がいいね。

組み立てメモを参考にして記述した、「おすすめパンフレットで推薦する文章」の最初の段落の書き方を交流する。組み立てメモをもとに文章化していく作業がきちんとできているのかということを全体で確かめるために、一つの段落に限定して確認していく。最初の段落を、組み立てメモをもとに文章化することができれば、後の段落についてはスムーズに下書きが進んでいくはずである。

❹下書きを完成させる

最初の段落は、書けているようですね。下書きを完成させましょう。

書き出しの段落はバッチリだね。

次は、伝えたいことに合った写真を使ってみようかな。

「相手や目的、推薦する理由を明確にする」「読む人を引き付ける言葉で表現し、伝えたいことに合った文章を引用したり、写真などを用いたりする」等の観点を生かして、下書きを完成させていく。また、「段落構成」「符号」の付け方等にも留意し、下書きを記述していく。❸の学習過程の交流をもとに改善した記述を見付けて、価値付けていきたい。

5 おすすめパンフレットを作ろう
6時間　準備物：なし

●推薦する文章のよさや工夫点を考える

「相手や目的，推薦する理由を明確にする」「読む人を引き付ける言葉で表現し，伝えたいことに合った文章を引用したり，写真などを用いたりする」等の観点，「伝わりやすい表現」，「モデルを生かした表現」など単元を通して学習してきたことを，よさや工夫点としてとらえていけるとよいでしょう。また，一人一人がとらえたよさ・工夫点を交流し，推敲につなげていきましょう。

●下書きを推敲する

おすすめパンフレットで推薦する文章をよりよくしたいという意識を高め，上記の観点はもちろん，友達のよさや工夫点を自分の表現に取り入れて推敲できたらよいでしょう。また，「誤字脱字」「符号」等も確認していきましょう。

◇交流をいかして，よりよく「おすすめパンフレットですいせんする文章」を直してみよう
◇よいところ・直したところをいかして清書しよう

❶文章のよさや工夫点について考える

よりよい推薦文にするために，お互いに下書きを読み合ってみましょう。

推薦したいこととその理由を分かりやすくまとめたんだね。

写真や引用を効果的に使っていて，分かりやすいね。

❷文章のよさ・工夫点を交流する

おすすめパンフレットで推薦する文章のよいところや工夫しているところ，改善点を交流しましょう。

「絶対に幸せな気持ちになれます！」と言い切っているところがいいね。

「ほろりと涙を誘うのですが，前向きな気持ちになれる一曲です。」という表現から，その曲を聴いてみたくなります。

「相手や目的，推薦する理由を明確にする」「読む人を引き付ける言葉で表現し，伝えたいことに合った文章を引用したり，写真などを用いたりする」等の観点でよさを考える子どもがいるだろう。また，教科書のモデル文のよさを生かして記述していることに気付く子どももいるだろう。子どもたち一人一人の気付きを大切にしていきたい。

単元の後半なので，根本的に全部直さなければならないという場合は少ないだろう。主に，文章のねじれ，伝わりにくい表現等が，改善点の中心になるのではないかと考えられる。❶の学習過程で発見したよさや工夫点，例えば，「構成」「分かりやすい表現」などをたくさん見付けて，推薦する文章をさらによくするという意味でも，自分の表現に取り入れることができたらよい。

| 本時の目標 | ・おすすめパンフレットで推薦する文章の下書きを推敲し，清書することができる。 | 本時の評価 | ・おすすめパンフレットで推薦する文章の下書きを推敲し，清書している。 |

おすすめパンフレットを作ろう

よいところ・工夫しているところ・直した方がよいところを交流しよう

◇よい点・工夫している点
○構成
・相手や目的，すいせんする理由を明確にしている
・引用とすいせんのつながりが分かりやすい
○分かりやすい表現
・「絶対に幸せな気持ちになれます！」と言い切っているところがいい
・「ほろりとなみだをさそうのですが、前向きな気持ちになれる一曲です。」という表現から、その曲をきいてみたい

◇直した方がよい点
・引用と引きつける文章のつながりが分かりにくかった
・符号
・誤字脱字
・接続詞
・文章のつながり

❸自分の下書きを推敲する

交流したことをもとに，自分の下書きを見直して，推敲してみましょう。

引用と引き付ける文章のつながりが分かりにくかったので，○○さんのアドバイスを生かして直してみよう。

「○○さんが言っていた△△をもう少し詳しく書いてみようかな」等の内容面に関すること，「○○さんが言うように引用と引き付ける表現のつながりを見直したほうがいいかもしれない」等の構成面に関することの大きく2点について推敲する。また，符号や誤字脱字，接続詞，文章のつながりについても同時に推敲する。友達の意見を取り入れながら推敲する姿を価値付けていきたい。

❹下書きをもとに清書する

推敲したことを生かして，清書しましょう。

ここに，読点が抜けていたから，しっかりと入れなければならないね。

さっき推敲したところに気を付けて清書しよう。

「早く○○さんに推薦したいな！」「どんな感想をもらえるのか楽しみ！」「最初は書き方がよく分からなかったけど，けっこう分かりやすく書けたと思う」というような前向きな気持ちで清書に向かわせていきたい。清書に今までの学習を生かすことができたという達成感・成就感を味わわせたい。推敲してよくなった記述を見付けて，価値付けていきたい。

おすすめパンフレットを作ろう

6／6時間

準備物：メッセージカード

●感想の書き方を考える

「自分だったら，どんな感想を書いてもらえるとうれしいのか」「自分だったら，どんな感想を書いてもらえると，おすすめパンフレットを書いてよかったと思えるのか」を手がかりに感想の書き方を考えていきます。例えば，「おすすめパンフレットで推薦する文章のメッセージを受け取ったよ」ということを表現できるようにしましょう。

●感想を書き，交流する

感想の書き方を考えた時に，みんなで共通理解を図った観点を意識して感想を書くようにします。そうすることで，本単元の達成感・成就感を味わうことができます。

◇「おすすめパンフレットを作ろう」のふり返り
・おすすめパンフレットを書いてよかった！
・おすすめパンフレットでのすいせんは楽しい！
・おすすめパンフレットでのすいせんの書き方が分かった
・すいせんしたことに対して，○○してみようかなと思ってもらえてうれしい

❶感想の書き方を考える

自分だったら，どんな感想を書いてもらえるとうれしいですか。自分だったら，どんな感想を書いてもらえると，おすすめパンフレットを書いてよかったと思えますか。

○○が分かりやすく，書いたことが読み手に伝わったよ，かなぁ。

推薦してもらって，○○してみようかなと感じてくれたら最高だね。

導入で，自分がもらってうれしい感想の書き方に対する意識を高めたい。「自分だったら，どんな感想を書いてもらえるとおすすめパンフレットを書いてよかったと思えるかな？」という視点で考えるとよい。「推薦してもらって，○○してみようかなと感じてくれたら最高だね」ということを表現できるようにしたい。

❷メッセージカードに感想を書く

おすすめパンフレットを読んだ感想をカードに書きましょう。

書きたいことがいっぱいあるよ！

どんな感想を書いてくれるのか楽しみだね！

例えば，❶で学習した「自分だったら，どんな感想を書いてもらえるとおすすめパンフレットを書いてよかったと思えるかな？」という視点を意識できるようにする。手が止まってしまう児童には，❶で学習した発言などを想起させることで，メッセージカードの感想に取り組ませる。

本時の目標	・友達が書いたおすすめパンフレットで推薦する文章を読み合い、感想を書いて伝えることができる。	本時の評価	・友達が書いたおすすめパンフレットで推薦する文章を読み合い、感想を書いて伝えている。

おすすめパンフレットを作ろう

メッセージカードを書いて、感想を交流しよう

○「自分だったら、どんな感想を書いてもらえるとうれしいかな？」
○「自分だったら、どんな感想を書いてもらえると、おすすめパンフレットを書いてよかったと思えるかな？」
「すいせんしてもらって、○○してみようかな」

◇ メッセージカードに感想を書く

◇ 感想を交流する
「下書きを読んだときよりも、引用と引きつける文章のつながりが分かりやすくなったよ」
「読む人を引きつける表現がすてきで、○○してみたくなるよ」

❸読み合って感想を交流する

おすすめパンフレットを読み合った感想を交流しましょう。

下書きを読んだ時よりも、引用と引き付ける文章のつながりが分かりやすくなったよ。

読む人を引き付ける表現がすてきで、○○してみたくなるよ。

「下書きを読んだ時よりも、分かりやすいね」など、前と比べてよりよくなったということや、「下書きを読んだ時よりも、引用と引き付ける文章のつながりが分かりやすくなったよ」「読む人を引き付ける表現がすてきで、○○してみたくなるよ」と、内容面が充実していることなどから、今までの学習を生かすことができたという達成感・成就感を味わわせたい。

❹成長を実感できる振り返りをする

おすすめパンフレットを書く学習はどうでしたか。

最初は、書き方が分からなかったけど、モデルを見たり、みんなで話し合ったりして、推薦する文章の書き方が分かった。

感想に、○○さんが、□□してみようかなと書いてくれてうれしかった。

「最初は、書き方が分からなかったけど、モデルを見たり、みんなで話し合ったりして、推薦する文章の書き方が分かった」という内容面の振り返りや、「感想に、○○さんが、□□してみようかなと書いてくれてうれしかった」という意欲面の振り返りが出されるとよい。教師からの価値付けはもちろん子ども同士でよさや工夫点を語り合えるとよい。

冬のおとずれ

（1時間）

1 単元目標・評価

・語句と語句との関係について理解し，語彙を豊かにするとともに，語感や言葉の使い方に対する感覚を意識して，語や語句を使うことができる。（知識及び技能(1)オ）

・目的や意図に応じて，感じたことや考えたことなどから書くことを選び，伝えたいことを明確にすることができる。（思考力，判断力，表現力等Ｂ(1)ア）

・言葉がもつよさを認識するとともに，進んで読書をし，国語の大切さを自覚して，思いや考えを伝え合おうとする。（学びに向かう力，人間性等）

知識・技能	語句と語句との関係について理解し，語彙を豊かにするとともに，語感や言葉の使い方に対する感覚を意識して，語や語句を使っている。（(1)オ）
思考・判断・表現	「書くこと」において，目的や意図に応じて，感じたことや考えたことなどから書くことを選び，伝えたいことを明確にしている。（Ｂ(1)ア）
主体的に学習に取り組む態度	積極的に季節を表す語彙を豊かにし，これまでの学習を生かして手紙を書こうとしている。

2 単元のポイント

教材の特徴

　子どもたちには，季節の言葉を学ぶ最後の機会となる。四季の表情を大切にしてきた先達の思いを理解し，自身もまた6年生になってこれまでよりも四季の変化の美しさを感じていることであろう。そこで，手紙を書く活動を通して，冬のもつ静謐さや静寂さを感じ取らせたい。手紙を書くことの書き手側の効果として，次のようなことが挙げられる。

・考える過程で頭の中が整理され，考える力が身に付く。

・自分の気持ちに気付くことができ，自分を客観視でき，感情が穏やかになる。

・季節の移り変わりや暦に自然と目が行き，好奇心を刺激できる。

　効果はまだまだあるが，手紙を書くことの効果について，学級で考えてみてもよいだろう。

　また，冬の俳句や短歌の名作を扱う場合，その背景が冬のおとずれなのか深まりなのか，冬という季節のスパンの中のどのあたりを表現しているのかを考えさせたい。そうすることによって，少しずつ春へと向かっていく季節の移り変わりを感じることができるだろう。

3 学習指導計画（全1時間）

次	時	目標	学習活動
一	1	・イメージマップを活用して，伝えたいことを手紙に表すことができる。 ・「二十四節気」について理解し，生活の中で意識していこうとする。	○冬の節気を確認し，音読をする。 ・一つ一つの節気を確認し，すらすらと読めるようになるまで，繰り返し音読をする。 ・節気の説明をすると，その節気が正確に答えられるようになるまで繰り返し，習熟を行う。 ○冬の節気をカレンダー等に書き込む。 ・児童手帳や月の行事予定表，書き込み可能なカレンダーなど，節気を記入できるようなものに節気を書き込む。 ○「冬のおとずれ」のイメージマップを書く。 ・「冬のおとずれ」を感じる物事を表していく。 ○「冬」を感じる事物から題材を決めて，手紙を書く。 ・題材を決めて節気を意識しながら，手紙に表す。 ・作品をグループで読み合う。

生活に密着している冬の節気

立冬…秋の気が去り冬の気が立つ意味があります。立冬から立春の前日までが冬となります。「立」のもつ表情を感じ取らせましょう。

小雪…雪が降ってもまだそれほど積もらないという意味があります。北国では雪の便りも聞こえ，遠くの高山に冠雪が見えるようになります。

大雪…北風が強くなり，雪も多く降るようになる季節という意味があります。「小」「大」のもつ表情を感じ取らせましょう。

冬至…太陽が一番南を通り，一年中で昼が最も短く，夜が最も長くなります。かぼちゃや粥を食べたり，柚子湯に入ったりする風習があります。

小寒…冬至が過ぎ，さらに寒さが厳しくなり大寒へ続く前触れの意味合いがあります。小寒の節に入ることを「寒の入り」といいます。

大寒…冬が本格的となり，一年で最も寒さの厳しい時期です。「小寒」から「大寒」を挟み，立春までを合わせた期間が「寒中」です。「寒中見舞」「寒稽古」等の言葉があります。

1 冬のおとずれ

1時間

準備物：節気を書き込む用紙（児童手帳，行事予定表，カレンダー等），手紙の用紙，付箋

● **実際に節気を書き込む**

　立冬・小雪・大雪・冬至・小寒・大寒の六つの節気を，実際にカレンダー等に書き込ませます。子どもに月日を示しても，実際にはイメージしにくいでしょう。意識を向けるための手立てとして，実際に書き込む活動を設けます。活動を行うことによって，現在以降にもイメージが広がり，後の活動である手紙づくりにつながっていくものと考えます。

● **イメージマップの取り組みと活用**

　手紙を書かせる前に，題材を決定するための手立てとしてイメージマップを書かせます。言葉で発想を広げていく思考法で，創作を進められない子どもへの支援にもなります。イメージマップの言葉を使用して，手紙の作成にそのまま活用できる効果的な方法です。

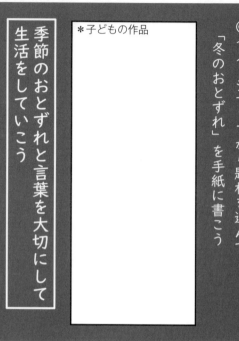

◎イメージマップから題材を選んで「冬のおとずれ」を手紙に書こう

季節のおとずれと言葉を大切にして生活をしていこう

＊子どもの作品

❶ **冬の節気を確認し，音読をする**

冬がおとずれたと感じるものやことは何ですか。

こたつにみかんが冬の定番でしょう。

　音読をし，教科書に示されている冬の節気を確認する。掲載されている俳句，短歌を声に出して読み，大まかな意味をとらえたりする。教材名「冬のおとずれ」を通して，自分が「冬がおとずれてきたなぁ」と思う事物について出し合う。出された事物は，すべて板書するようにする。

❷ **冬の節気をカレンダー等に書き込む**

冬至は12月22日ごろかぁ。かぼちゃを食べる日だよね。

　教科書の各節気の時期を参考にして，児童手帳や月の行事予定表，書き込み可能なカレンダーなど，記入ができるようなものに節気を書き込むようにする。直接書き込むことによって，具体的な時期のイメージをもたせるようにする。

本時の目標	・イメージマップを活用して、伝えたいことを手紙に表すことができる。 ・「二十四節気」について理解し、生活の中で意識していこうとする。	本時の評価	・イメージマップを活用して、伝えたいことを手紙に表している。 ・「二十四節気」について理解し、生活の中で意識していこうとしている。

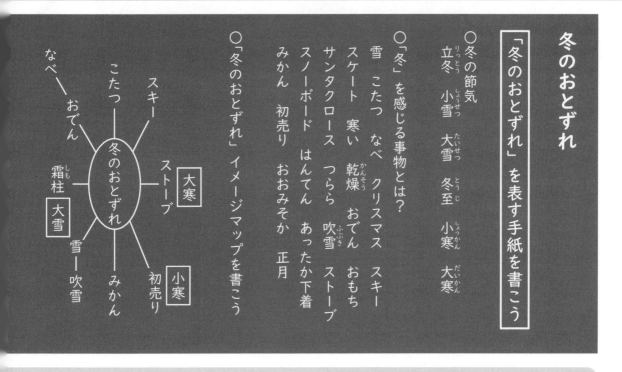

冬のおとずれ

「冬のおとずれ」を表す手紙を書こう

○冬の節気
立冬(りっとう) 小雪(しょうせつ) 大雪(たいせつ) 冬至(とうじ) 小寒(しょうかん) 大寒(だいかん)

○「冬」を感じる事物とは?
雪 こたつ なべ クリスマス スキー スケート 寒い 乾燥(かんそう) おでん おもち サンタクロース つらら 吹雪(ふぶき) ストーブ スノーボード はんてん あったか下着 みかん 初売り おおみそか 正月

○「冬のおとずれ」イメージマップを書こう

（イメージマップ：冬のおとずれ を中心に、なべ、おでん、霜柱(しも)、大雪、雪、吹雪、みかん、初売り、小寒、ストーブ、大寒、スキー、こたつ）

❸ 「冬のおとずれ」のイメージマップを書く

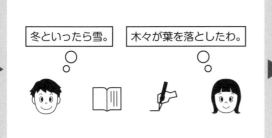

自分が「冬のおとずれ」を感じるものをイメージマップに書き出し、節気の言葉につなげるようにする。時間を取り、イメージの枝葉を広げさせていく。書き出せない子どもには、窓から外を見るように声がけをする。窓の外には、冬の気配が濃厚に表れているはずである。
※住んでいる地域によって、冬の概念を感じる事物は異なってくるので、実態に応じて対応する。

❹ 題材を決めて手紙に表す

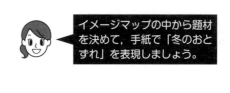

手紙を書く用紙を渡す。イメージマップから題材を決めて、作品を創作していく。自分が感じた、どのような「冬」を伝えたいのかを考え、それが表れるような言葉を選んで書かせる。
グループになり、1人ずつ書いたものを発表する。発表を聞いている子どもは付箋を準備し、発表した感想を記す。

第1時 109

詩の楽しみ方を見つけよう

詩を朗読してしょうかいしよう

2時間

1 単元目標・評価

・思ったことや考えたことが伝わるように，朗読することができる。（知識及び技能(1)ケ）
・詩の全体像を具体的に想像したり，表現の効果を考えたりすることができる。（思考力，判断力，表現力等 C(1)エ）
・言葉がもつよさを認識するとともに，進んで読書をし，国語の大切さを自覚して，思いや考えを伝え合おうとする。（学びに向かう力，人間性等）

知識・技能	思ったことや考えたことが伝わるように，朗読している。（(1)ケ）
思考・判断・表現	「読むこと」において，詩の全体像を具体的に想像したり，表現の効果を考えたりしている。（C(1)エ）
主体的に学習に取り組む態度	これまでの学習を生かして詩を味わい，自分の考えや思い，経験を重ね合わせて朗読しようとしている。

2 単元のポイント

この単元で知っておきたいこと

　本単元を扱う時期は，児童にとって大きく分けて二つの意味をもつ時期と言える。一つは，小学校6年間の学習のまとめをする時期。もう一つは，卒業を控え，中学校生活へ向けて希望と不安を抱えながら準備を始めていく時期である。6年間で身に付けた知識や技能を生かしながら，現在（いま）の自分の気持ちやこれまでの経験を踏まえながら詩を音読することが，この単元のねらいである「朗読」をすることへとつながる。自分の考えや思い，経験を，朗読でどのように表現すればよいかという問いをもたせながら指導していきたい。

教材の特徴

　三つの詩には，朗読のテーマが存在すると考えられる。「〈ぽくぽく〉」は，これまでの自分の経験を重ねながら，「動物たちの恐ろしい夢のなかに」は，理科や社会科で学習した動物や自然の世界，さらには人間の生き方を想像しながら，「うぐいす」は，うぐいすの鳴き声に込められている春らしさや新生活への期待感，これから迎える中学校生活を重ねながら，それぞれ朗読することができる。また，各詩には，これまで学習してきたレトリック（反復法・比喩法）が含まれている。それらの表現の工夫や効果を考え，朗読に生かせるように指導していきたい。

110　詩を朗読してしょうかいしよう

3 学習指導計画（全2時間）

次	時	目標	学習活動
一	1	・詩の全体像を具体的に想像したり，表現の効果を考えたりし，「いちばん朗読したい詩」を選び，その理由をまとめることができる。	○全体で，三つの詩を読む。 ・教科書を使わず，教師が準備した拡大コピーやプレゼンテーションソフトを使って音読する。 ・詩の内容や，レトリックを確認する。 ○「いちばん朗読したい詩」を選び，選んだ理由について話し合う。 ・同じ詩を選んだ人と意見を交流する。 ・自分とは違う詩を選んだ人と意見を交流する。 ・「いちばん朗読したい詩」を選んだ理由について文章でまとめる。
二	2	・詩の全体像を具体的に想像したり，表現の効果を考えたりすることができる。 ・思ったことや考えたことが伝わるように，朗読することができる。	○これまで学習してきたことを生かし，読み方で工夫するところを考える。 ・自分が選んだ詩が載っているワークシートを使い，工夫したい点を書き込む。 ・レトリックの効果や，読む速さ・間など，これまで学習してきたことを生かして工夫する点を考える。 ○「いちばん朗読したい詩」をグループで発表し合う。 ・同じ詩を選んだグループで朗読を発表し合い，友達からアドバイスをもらう。 ・自分とは違う詩を選んだ人同士でグループをつくり，朗読を発表し合い，感想を聞く。 ○学習のまとめをする。 ・「朗読」をしたり聞いたりしてみての感想を，ワークシートにまとめる。

言語活動のアイデア〜「思考のズレ」を意識した「対話」〜

　学習指導要領のポイントの一つである，「対話」を意識しましょう。本単元では，第一次と第二次の対話場面で，「同種グループ→異種グループ」という流れにしています。こうすることで，「思考のズレ」が生まれ，対話がより活発になります。具体的には，「同種グループ」で話し合ったとしても，詩を選んだ理由や朗読の仕方に違い（ズレ）が生まれ，学びの深まりや広がりが期待できます。そして，「異種グループ」で対話することで，詩を選んだ理由を交流したり，異なる視点・観点で朗読を聞いたりし，児童はお互いに新たな気付きを得ることができ，より深く・広く学ぶことができます。

詩を朗読してしょうかいしよう

1 / 2時間

準備物：黒板掲示用資料，ワークシート（本書 p.215）

● 児童の考えや思い，経験があっての「朗読」

本時は，三つの詩との"出会い"の時間です。視覚的に児童に紹介したり，詩の内容について大まかにとらえさせ，詩の第一印象を大事にします。詩の内容やレトリックについての確認は必要最低限にとどめます。朗読したい詩が決まらない児童には，詩の内容等について個別に補足しましょう。

● 必要感のある「対話」を，意図的に取り入れる

ただ「話し合いましょう。」と言っても交流は活性化しません。「同じ詩を選んだ人同士での対話」→「違う詩を選んだ人同士での対話」を取り入れます。同じ詩を選んだ友達と話すことは，自分の考えに自信がない児童の心も軽くします。その後の対話で友達が言う意見には違いがあることを知り，考えを広げる機会にします。必要感のある対話を，教師が意図的に取り入れましょう。

◎交流の進め方
① 同じ詩を選んだ人どうし
② ちがう詩を選んだ人どうし
③ 「いちばん朗読したい詩」を選んだ理由をノートにまとめる

・自分の今の気持ちと重なるもの
・作者の思いや考えに共感できるもの

❶ 全体で，三つの詩を読む

「この単元では「朗読」の学習をします。」

「これから三つの詩を紹介します。みなさんは，どの詩を「朗読」したいでしょうか。」

まず，「音読」と「朗読」の違いを確認する。児童に詩を紹介する際は，拡大コピーしたものやプレゼンテーションソフトで教材文を提示するのがよい。教科書を開いて指導するのもよいが，児童によっては一度にすべての詩に目を通してしまう恐れもある。一つ一つの詩の特徴や，作品の雰囲気を味わわせることが大切である。詩を紹介するごとに，数人に感想を聞くのもよい。

❷ 三つの詩の内容を確認する

「今まで学習したことを思い出しながら，詩の内容を読んでいきましょう。」

「同じ言葉が繰り返されているから，読み方の工夫ができそうです。」

詩の内容やレトリックなど，児童の発言をもとに確認していく。詩の単元は学期に数回しか扱わないので，詩の学習で使う用語などを，常時教室に掲示しておくとなおよい。そして，レトリックの効果と読み方を関連させて発言できるようにしたい。しかし，深入りはしないようにし，児童の考えや思い，経験等を内容とリンクさせていくことを大切にしたい。

本時の目標	・詩の全体像を具体的に想像したり，表現の効果を考えたりし，「いちばん朗読したい詩」を選び，その理由をまとめることができる。	本時の評価	・詩の全体像を具体的に想像したり，表現の効果を考えたりし，「いちばん朗読したい詩」を選び，その理由をまとめている。

詩を朗読してしょうかいしよう

「いちばん朗読したい詩」を決めて理由をまとめよう

◎「いちばん朗読したい詩」を選ぼう
・自分の経験と重なるもの

* p.197「うぐいす」
* p.196「動物たちの恐ろしい夢のなかに」
* p.196「〈ぼくぼく〉」

・より視覚的にするために，プレゼンテーションソフトで教材提示をするのもよい。
・拡大コピーで紹介した場合，「いちばん朗読したい詩」を選ぶ際に，作品の下にネームプレートを貼らせるとよい。

❸「いちばん朗読したい詩」を選ぶ

詩を選んだ理由を聞きたいです。

今の私の気持ちと重なる詩だわ。

　板書例にある，主な三つの理由を観点にし，「いちばん朗読したい詩」を選ぶ。詩を選べない児童には，改めて三つの詩の内容を説明し，「いちばんすてきだなと思うのはどれですか？」と，難しく思わせない配慮をするとよい。
　なお，教科書に載っていない詩でもよいことを話し，朗読したいという児童の思いを大切にしたい。

❹詩を選んだ理由を交流する

○○さんと，同じ詩を選んだけれど，選んだ理由は違うんだね。

□□さんは違う詩を選んだみたいだけれど，その詩もすてきだと思ったわ。

　交流は，はじめに同じ詩を選んだ児童同士で行う。同じ詩を選んだという安心感があるが，理由を聞くと違うことが多々あり，対話によって考えに「広がり」が生まれる。次に，違う詩を選んだ児童同士で行う。選んだ詩の特徴が客観的に理解でき，選んだ理由に深まりが生まれる。最後に，選んだ理由をワークシートにまとめる。その際，朗読したい詩を変えてもよいと児童に話してもよい。

2/2時間 詩を朗読してしょうかいしよう

準備物：黒板掲示用資料，ワークシート（本書 p.216）

● これまでの学習を存分に生かして

本時は，いよいよ朗読をする時間です。前時に決めた「いちばん朗読したい詩」を精読し，それを朗読で表すことができるように，読む速さや声の大きさ，間の取り方といった下学年で学習したことや，レトリックの効果を生かした読み方など，児童の工夫が多く見られるよう，板書を軸に手立てをしていきます。

● "オールインワン"のワークシート

児童が朗読に集中でき，読み方の工夫が書き込めるように本文を載せたり，振り返りを書けるようにしたりするとよいでしょう。また，ワークシートを使用すると，教師の指導のポイントが焦点化され，評価がしやすくなります。指導と評価が一体化され，児童にとっても教師にとっても役に立ちます。

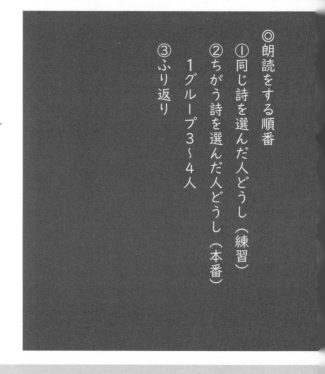

◎朗読をする順番
① 同じ詩を選んだ人どうし（練習）
② ちがう詩を選んだ人どうし（本番）
　1グループ3～4人
③ ふり返り

❶音読の工夫する点を考える

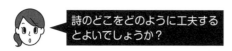

板書例に示した「工夫の仕方」をもとに，詩が載っているワークシートに，工夫する点を書き込んでいく。ただ，工夫する点が多すぎると分かりづらくなる。児童の様子を見ながら，「1か所だけ工夫するとしたら？」など，工夫する点を焦点化させるような補助発問をすると，順調に作業を進めている児童にとってもそうではない児童にとっても有効な手立てとなる。

❷同じ詩を選んだ人と発表し合う（練習）

まず，同じ詩を選んだ児童同士で発表し合う。練習時間として発表し，アドバイスをし合うように働きかける。同じ部分を工夫していたり，違う箇所だが工夫の仕方が同じであったり，よい意味での「ズレ」が生じる。この時間で得たアドバイスや自信を，次の活動で生かせるようにしたい。人数は3～4人がよいかと思うが，学級の実態に応じて変えて構わない。

本時の目標	・詩の全体像を具体的に想像したり，表現の効果を考えたりすることができる。 ・思ったことや考えたことが伝わるように，朗読することができる。	本時の評価	・詩の全体像を具体的に想像したり，表現の効果を考えたりしている。 ・思ったことや考えたことが伝わるように，朗読している。

詩を朗読してしょうかいしよう

読み方を工夫して，朗読しよう

◎工夫のしかた
○声の　大きさ・高低
○読むときの　速さ・間・強弱・リズム
○くり返し・比ゆ　強調するように

* p.197「うぐいす」
* p.196「動物たちの恐ろしい夢のなかに」
* p.196「〈ぼくぼく〉」

❸違う詩を選んだ人と発表し合う（本番）

工夫したところは，どんな感じがしたかな？

「希望」という伝えたいテーマが伝わったよ。

違う詩を選んだけれど，この詩が好きになったわ。

❹振り返りをする

教科書にない詩を朗読します。

「朗読」は難しいと思ったけれど，音読とは雰囲気が違って楽しかったな。

　次に，違う詩を選んだ児童同士での発表となる。❷は意図的なグループで行い，この時間は普段の生活班等でよい。前時に聞いた時の印象と今回とで，どのように印象が変わったかを交流し合えるとよい。
　児童が選ぶ詩に偏りが生じた場合は，児童の組み合わせを変えればよい。「朗読」には，何一つとして同じものはないことに気付くだろう。

　終末段階では，「朗読」をしたり聞いたりした感想について，ワークシートに書く。振り返りの前に，教科書に載っていない詩を紹介するのもよい。
　最後に，教科書 p.197「この本，読もう」で紹介されている本の中から教師が詩を朗読したり，図書館に行き他の作者の詩集を借りたりすることで，詩の面白さをより味わえるだろう。

第2時　115

書くときに使おう

知ってほしい，この名言

2時間

1 単元目標・評価

・思考にかかわる語句の量を増し，文章の中で使うとともに，語句の意味を理解し，語彙を豊かにすることができる。また，語感や言葉の使い方に対する感覚を意識して，語や語句を使うことができる。（知識及び技能(1)オ）

・目的や意図に応じて，集めた材料を分類したり関係付けたりして，伝えたいことを明確にすることができる。（思考力，判断力，表現力等B(1)ア）

・言葉がもつよさを認識するとともに，進んで読書をし，国語の大切さを自覚して，思いや考えを伝え合おうとする。（学びに向かう力，人間性等）

知識・技能	思考にかかわる語句の量を増し，文章の中で使うとともに，語句の意味を理解し，語彙を豊かにしている。また，語感や言葉の使い方に対する感覚を意識して，語や語句を使っている。（(1)オ）
思考・判断・表現	「書くこと」において，目的や意図に応じて，集めた材料を分類したり関係付けたりして，伝えたいことを明確にしている。（B(1)ア）
主体的に学習に取り組む態度	進んで名言を集めたり整理したりする活動に取り組み，観点をもとに整理して紹介しようとしている。

2 単元のポイント

言語活動

　自分がいいなと思う言葉を選んで紹介する言語活動は，その言葉を残した人の考えだけでなく，選んだ人の人となりにも触れる活動でもある。自然とほかの友達の選んだ言葉を知りたいという思いも強い。言語活動を進めていく際，ただ集めてしまうだけではなく，集めた言葉を分類し，どの言葉を選ぶか，優先順位を付けていくことが肝要である。整理する際も，「自分にとって大事な言葉」という一元的な観点からではなく，「みんなにも教えたい言葉」等も含めた二元的な観点から図に整理していくことで，視覚的にも明確になり，思考も整理される。

116　知ってほしい，この名言

3 学習指導計画（全2時間）

次	時	目標	学習活動
一	1	・自分がいいなと思う名言を集め，設定した観点をもとに図に整理して比べることができる。	○自分がいいなと思う名言を集め，設定した観点をもとに整理し，比べる。 ・自分がいいなと思う名言を集める。 ・集めた名言を，設定した観点をもとに，図に整理する。 ・整理した名言がどのような位置付けになっているか比べる。
二	2	・自分にとっての意味や伝えたい理由を明確にして優先順位を付け，紹介したい名言を選び，書くことができる。	○紹介したい名言を選び，紹介し合う。 ・整理した名言に優先順位を付け，紹介したい言葉を選ぶ。 ・誰の言葉か（出典），言葉の意味，選んだ理由をまとめる。 ・選んだ名言を紹介し合う。

言葉を通して，人となりに触れる

　誰しも自分の心の支えとなる言葉があります。人生訓，座右の銘，自らを励ます言葉など，選ぶ言葉は様々であり，人それぞれ違います。選んだ言葉からはその人の考えや背景が見て取れ，人となりがうかがえます。それぞれが選んだ言葉は，偉人の言葉，昔からあることわざ，尊敬するスポーツ選手や著名人の言葉，身近な家族からの言葉などたくさんあります。選ぶ言葉には，その言葉にある，ものの考え方，見方などがうかがえて，とても興味深いものがあります。好きなタレントの言葉だってよいと思います。（ちなみに私が選んだ言葉は「人生生きてるだけでまるもうけ（明石家さんま）」「ダメな時ほど，運がたまっている（萩本欽一）」です。）先生がいいなと思う名言を紹介することで，学習活動もグッと身近になってよいかもしれません。

　といっても，まだ生まれて10年あまりの子どもたち，これだと思う言葉にはまだ巡り合っていないことも十分に考えられます。本やテレビ，インターネット，ことわざ辞典や名言集などを使って，自分がいいなぁと思った言葉を探し，紹介してみるとよいと思います。10人に聞いたら，10通りの言葉，選んだ理由が出てくることでしょう。言葉を通して，その人に触れる，そのことがこの単元の醍醐味だともいえます。

1/2時間 知ってほしい，この名言

準備物：黒板掲示用資料，ことわざ辞典や名言集，付箋（または学習用タブレット）

●言語活動への興味喚起

誰しも一つは，いいなと思う言葉を持っています。導入時に，みんなが知っている人の言葉，名言を取り上げ，意味を伝えたうえで，「実はある人の好きな言葉なんだよね」と紹介します。有名人に限らず，担任の先生や校長先生など身近な人が選んだ言葉を紹介してもよいでしょう。「自分も紹介したい」「友達の好きな言葉も知りたい」という興味喚起につながります。

●集めた名言を整理する

たくさんの名言が集まる一方で，目移りし，決めかねることもあります。集めた言葉を「自分にとって大事な言葉」「友達にも知ってほしい言葉」の二元的な観点から整理し比べましょう。集めた言葉を付箋に書き，図に整理するのもよいです。

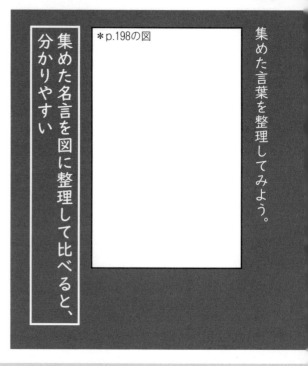

集めた言葉を整理してみよう。
集めた名言を図に整理して比べると、分かりやすい
*p.198の図

❶単元の動機付けを図る

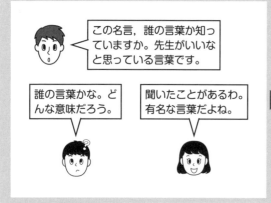

名言について知り，互いに紹介し合う学習活動について興味・関心を高めることが本単元の導入では肝心である。教師が選んだ名言を提示したり，有名人の言葉を紹介したりと，児童の経験を想起させながら，本単元の動機付けを図りたい。

❷学習の見通しをもつ

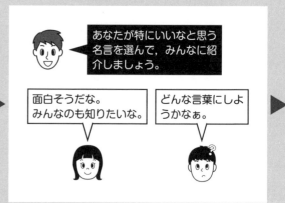

自分がいいなと思う名言を選んで，みんなに紹介することを伝え，本単元で行う学習活動がどんなものであるか単元のゴールを明確にする。その際，教師や有名人が選んだ言葉などを紹介すると，児童もよりイメージしやすくなる。

| 本時の目標 | ・自分がいいなと思う名言を集め，設定した観点をもとに図に整理して比べることができる。 | 本時の評価 | ・自分がいいなと思う名言を集め，設定した観点をもとに図に整理して比べている。 |

知ってほしい、この名言

友達にしょうかいしたい、いいなと思う名言を集めよう

ことわざ
「石の上にも三年」

偉人の言葉
「天は人の上に人を作らず、人の下に人を作らず」

知恵や教えがある。

先生のお気に入りの言葉
「人生生きてるだけでまるもうけ」

身近なところにも言葉はある。
「一期一会」「継続は力なり」
「明日は明日の風がふく」

本、インターネット、テレビ、映画、家族どんな言葉でもよい。ふせんに集めてみよう。

❸いい言葉だなと思う名言を集める

みんなに紹介したい名言、どんな言葉がありますか。集めてみましょう。

あの言葉が心に残っているなぁ。

ネットや本でも探してみよう。

名言を集める際，偉人の言葉だけではなく，家族などの身近な人の言葉でもよいことを確認する。ことわざ辞典や名言集を調べたり，インターネットで検索したりしながら，気になる言葉を選び出しても構わない。集めた言葉は付箋に書かせると，次に整理する時に活動しやすい（学習用タブレット等のICTが活用できれば便利である）。

❹集めた言葉を図に整理し比べる

どんな名言を紹介するか，集めた言葉を図に整理して比べてみましょう。

自分にとって大事な言葉，みんなにも知ってほしい言葉で整理してみよう。

私が紹介したいのは，背中を押してくれる言葉だな。

集めた言葉をただ並べるのではなく，観点をもって整理することが大事である。集めた言葉を「自分にとって大事な言葉」「友達に知らせたい言葉」といった二元的な観点から図に整理することで，比べやすくなる。ひいては，自分の考えも明確になっていく。

知ってほしい，この名言

2/2時間

準備物：黒板掲示用資料，紹介カード（または学習用タブレット）

●「誰の言葉か」「意味」「理由」を明らかにする

　ただ，名言を紹介しただけでは，みんなに伝わりません。「誰の言葉なのか（出典）」「どんな意味か」「どうしてその言葉を選んだのか」を明確にする必要があります。書きまとめる際には，その点を押さえます。明確にすることで，伝えたいことの焦点も明確になります。

●言葉を通して，人となりに触れる

　人それぞれ，いろいろな名言が出てきます。その都度，みんなの知らなかった一面や人となりに触れることもこの学習の醍醐味です。ぜひとも，みんながそれぞれに選んだ名言にたくさん触れてほしいものです。掲示するのもよいですし，ICTが活用できれば，大型画面やタブレット内で交流するのもよいです。名言を示して誰の選んだものか予想させると盛り上がります。

まとめ方（例）

心に残る言葉に出会ったら、書き留めたり、生活の中でも使ってみよう

*p.199の例文

❶本時の活動の見通しをもつ

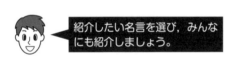

紹介したい名言を選び，みんなにも紹介しましょう。

　本時では，前時で整理した名言から，どの名言を紹介するか選び，書きまとめ，みんなで紹介し合うことを確認する。

❷選んだ名言について書きまとめる

選んだ名言について，「誰の言葉か」「言葉の意味」「選んだ理由」を書きまとめましょう。

　選んだ名言を紹介するにあたり，「誰の言葉か（出典）」「その言葉の意味」「選んだ理由」が必要である。書き始める前にモデルを示すと，活動がしやすくなる。モデルはいくつか示しておくと，なおやりやすくなる。「選んだ理由」などは，その人の人となりも見えてくるので，ぜひとも書かせたい。

| 本時の目標 | ・自分にとっての意味や伝えたい理由を明確にして優先順位を付け，紹介したい名言を選び，書くことができる。 | 本時の評価 | ・自分にとっての意味や伝えたい理由を明確にして優先順位を付け，紹介したい名言を選び，書いている。 |

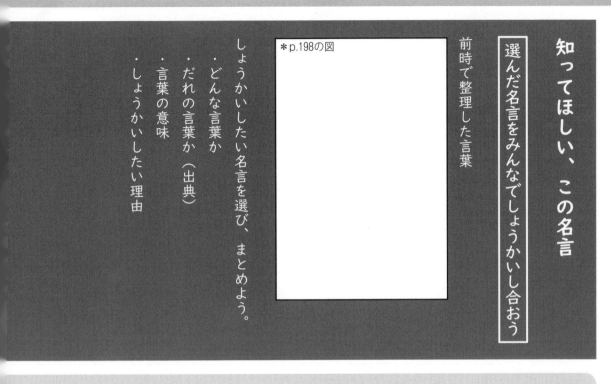

知ってほしい、この名言

選んだ名言をみんなでしょうかいし合おう

前時で整理した言葉

*p.198の図

しょうかいしたい名言を選び、まとめよう。
・どんな言葉か
・だれの言葉か（出典）
・言葉の意味
・しょうかいしたい理由

❸選んだ名言を紹介し合う

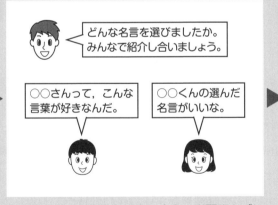

実際に選んだ名言を紹介し合う。学習用タブレットや大型モニターが活用できるのであれば，ぜひとも活用し，感想などのコメントもやり取りできるようにしたい。紹介の方法は様々あるが，教師のほうで名前をふせて，クイズのように提示してみるのも面白い。

❹単元の振り返りをする

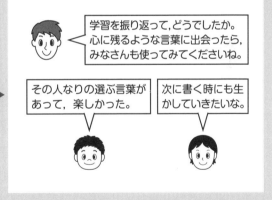

単元の振り返り時，感想のみならず，選ぶ際に集めた名言を整理したことで，思考もすっきりし，自分の考えも明確になったはずである。そのよさにもぜひとも触れたいものである。

日本の文字文化／[コラム]仮名づかい ②2時間

❶ 単元目標・評価

・文や文章の中で漢字と仮名を適切に使い分けるとともに，送り仮名や仮名遣いに注意して正しく書くことができる。（知識及び技能(1)ウ）

・語句の由来などに関心をもち，仮名及び漢字の由来，特質などについて理解することができる。（知識及び技能(3)ウ）

・言葉がもつよさを認識するとともに，進んで読書をし，国語の大切さを自覚して，思いや考えを伝え合おうとする。（学びに向かう力，人間性等）

知識・技能	文や文章の中で漢字と仮名を適切に使い分けるとともに，送り仮名や仮名遣いに注意して正しく書いている。（(1)ウ） 語句の由来などに関心をもち，仮名及び漢字の由来，特質などについて理解している。（(3)ウ）
主体的に学習に取り組む態度	進んで仮名及び漢字の由来，特質などについて理解し，これまでの学習を生かして適切な表記を考えようとしている。

❷ 単元のポイント

この単元で知っておきたいこと

　本単元の指導事項は，「仮名及び漢字の特徴や由来」などについて理解することである。「日本語の表記」では，日本語の表記の種類について知ることがねらいであり，「仮名の由来」では，平仮名や片仮名がどのように作られたのかを知ることがねらいとなる。さらに，仮名への理解と関心を高め，それらを使って，適切に書き表そうとする態度も育てることがねらいである。

　教科書に掲載されているQRコード資料から万葉仮名の表を参考にして，平仮名を漢字に書き表したり，自分の名前を万葉仮名で表したりする活動を通して，楽しみながら漢字や仮名に触れさせていきたい。

　この教材は，身の回りで使われている文字について想起させ，日本語の表記についての違いに気付かせる導入の後，仮名の由来が理解できるような丁寧な説明が示されている。導入では，身の回りにある日本語の表記を探し，それぞれの違いについて考えさせることで，仮名の由来の学習への意欲・関心を高めさせたい。

言語活動

　仮名の由来についての学習は，児童にとって初めてとなる。仮名への関心を高め，学習の意欲を引き出す工夫として，導入では「万葉仮名で書かれた看板の写真を提示し，読み方を考えさせる」「クイズ形式にする」など，写真の提示の仕方を工夫することで，文字に対する興味を喚起したい。

3 学習指導計画（全2時間）

次	時	目標	学習活動
一	1	・仮名及び漢字の特質について理解し，文や文章の中で漢字と仮名を適切に使い分けるとともに，進んで日本語の表記の特徴について理解し，学習を生かして適切な表記を考えようとする。	○漢字や仮名の特質について考え，日本語の表記の特徴についてまとめる。 ・身の回りで使われている文字やその特徴について考える。 ・日本語の表記が「漢字仮名交じり文」である理由について考える。 ・漢字や仮名の特質をまとめる。 ・設問に取り組み，本時の学習をまとめる。
	2	・仮名の由来について興味をもち，仮名の由来や特質などについて理解するとともに，送り仮名や仮名遣いに注意して正しく書くことができる。	○万葉仮名から平仮名・片仮名への変化について理解し，日本語を表記する時に用いる文字に対する関心をもつ。 ・写真の文字の読み方について考える。 ・教科書pp.201-202を読み，平仮名と片仮名の由来をまとめる。 ・注意が必要な仮名遣いを確認する。 ・本時の学習の振り返りを行い，友達と共有する。

仮名への興味を高める指導の工夫

　平仮名も片仮名も万葉仮名を元にしてできた文字ですが，平仮名は主に女性が使うものとされていたことや，そのために男性が女性のふりをして書いた随筆「土佐日記」があることなどを説明してもよいでしょう。なお，これについては，「NHK for School」の「仮名文字」でも解説されています。映像や動画で見ることで，イメージしたり理解したりしやすくなるので活用してみましょう。

単元について　123

日本の文字文化

1 / 2時間

準備物：黒板掲示用資料

●子どもの思考を助ける板書
　活動❸で，漢字の表意文字としての特徴と仮名の表音文字としての特徴についてまとめます。文章だけでは理解が難しい児童もいるので，図式化したり色分けしたりして，理解を深めることができるよう板書を工夫するとよいでしょう。

●漢字と仮名を適切に使い分けられるように
　表意文字，表音文字についてまとめた後は，漢字と仮名それぞれのよさ・難しさに気付かせます。漢字だけでは，読み方が分からないことがあり，仮名だけでは意味が分かりにくいという表記の難しさに気付かせることで，漢字と仮名を正しく組み合わせて使おうとする態度をねらっています。

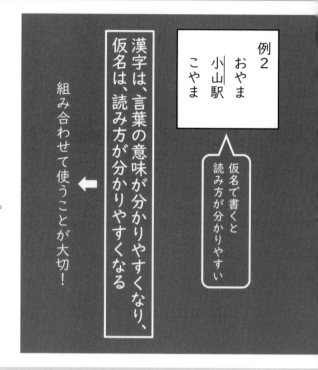

例2
おやま
小山駅
こやま

仮名で書くと読み方が分かりやすい

漢字は、言葉の意味が分かりやすくなり、仮名は、読み方が分かりやすくなる

← 組み合わせて使うことが大切！

❶身の回りで使われている文字を探す

日本語の文章では，どんな文字が使われていますか。

漢字や平仮名，片仮名！

日本語は「漢字仮名交じり文」で表されているのですね。

　身の回りで使われている文字を見付け，その特徴について考えたうえで，日本語の表記「漢字仮名交じり文」について知る。この時，英語はアルファベットのみで表していることなどに触れながら，どうして日本語の表記が「漢字仮名交じり文」になっているのかを考えさせる。

❷漢字や仮名の特質について考える

どうして漢字と仮名が交じっているのでしょうか。

平仮名だけでもいい？

　日本語の表記はどうして漢字と仮名が交じっているのか，漢字と仮名をどのように使い分けたらよいのかを問い，本時のめあてを設定する。
　「平仮名だけ，漢字だけのほうが覚えやすいし，分かりやすいよね」など，児童の思考を揺さぶる発問をしてもよい。

本時の目標	・仮名及び漢字の特質について理解し，文や文章の中で漢字と仮名を適切に使い分けるとともに，進んで日本語の表記の特徴について理解し，学習を生かして適切な表記を考えようとする。	本時の評価	・仮名及び漢字の特質について理解し，文や文章の中で漢字と仮名を適切に使い分けるとともに，進んで日本語の表記の特徴について理解し，学習を生かして適切な表記を考えようとしている。

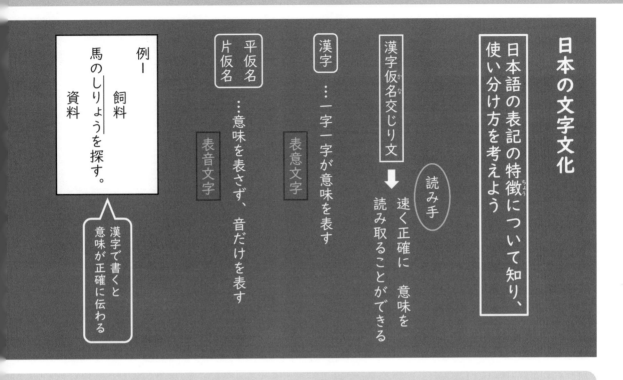

❸日本語の表記の特徴を理解する

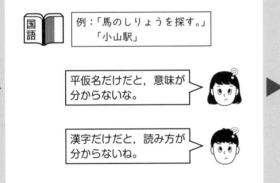

教科書pp.200-201を読み，漢字と仮名の特質や，「表意文字」「表音文字」について理解できるよう板書にまとめる。
例1：「馬のしりょうを探す。」を提示し，一字で意味が伝わるという漢字の特徴に気付かせる。
例2：「小山駅」を提示し，読み方が分かりやすいという表音文字としての仮名の特徴に気付かせる。

❹設問に取り組み，学習を振り返る

今日の学習でどんなことが分かりましたか。

漢字と仮名を交ぜて使うことで，言葉の意味が分かりやすく，読みやすいんだね。

これから文章を書く時は，漢字と仮名をバランスよく使って書いてみよう。

教科書p.201の設問1に取り組んだ後，本時の学習で学んだ，日本語の表記の特徴をまとめる。その後，本時の学習について振り返る。
主体的に取り組む態度は，展開の活動の様子や感想，ノートなどから評価することができる。振り返りは，日本語の特徴について分かったことや，今後の学習に生かしていきたいことなど，観点を示して記入させるとよい。

日本の文字文化／[コラム]仮名づかい

2／2時間
準備物：黒板掲示用資料

●導入の工夫

　平仮名や片仮名は、子どもたちが普段から意識せず使っている文字です。平仮名や片仮名の由来に関心をもてるよう、活動❶では万葉仮名で書かれた看板やお品書きなどの資料を提示してクイズを出し、そこから問いをもたせてみてもよいでしょう。

●楽しみながら漢字や仮名に触れる活動の工夫

　授業の終末で時間があれば、
①自分の名前を、万葉仮名を使って書いてみる、
②万葉仮名で書いた文字を友達に読ませるクイズを出すなどの活動を取り入れてもよいでしょう。仮名の由来や特質を体験的に理解するとともに、漢字と仮名があることのよさを実感させることができます。

> ◎仮名づかい…日本語を書き表すときのきまり
> ・地面
> ・鼻血
> ・家路
> ・間近
> ・三日月
>
> 平仮名や片仮名は、平安時代に漢字をくずしたり、一部を取ったりしてできた

❶写真の文字の読み方について考える

「あるお店の看板です。何と書かれているでしょう。」

「「お」は読めるけど…。」

「平仮名でも漢字でもない文字がある。」

　看板の写真を提示し、文字について考える。読めない文字（万葉仮名）は、丸で囲んで注目させる。なかなか予想できない児童がいたら、「食べ物です」など、ヒントを与え、文字に関心をもたせるようにする。

❷平仮名と片仮名の由来をまとめる

「仮名は、万葉仮名を元に作られたんだね。」

「どうして平仮名と片仮名の２種類あるのでしょう。」

「平仮名と片仮名は、でき方が違うんだね。」

　教科書pp.201-202「仮名の由来」を読んで平仮名や片仮名の成り立ちを理解させる。仮名ができた時代だけでなく、どのようにしてできたのか過程を押さえることが大切である。

　時間があれば、QRコードから平仮名の起こりの表を検索し、漢字を使って自分の名前を表現させたり、クイズ形式で元になった漢字を考えさせたりするなどの活動を取り入れてもよい。

| 本時の目標 | ・仮名の由来について興味をもち，仮名の由来や特質などについて理解するとともに，送り仮名や仮名遣いに注意して正しく書くことができる。 | 本時の評価 | ・仮名の由来について興味をもち，仮名の由来や特質などについて理解するとともに，送り仮名や仮名遣いに注意して正しく書いている。 |

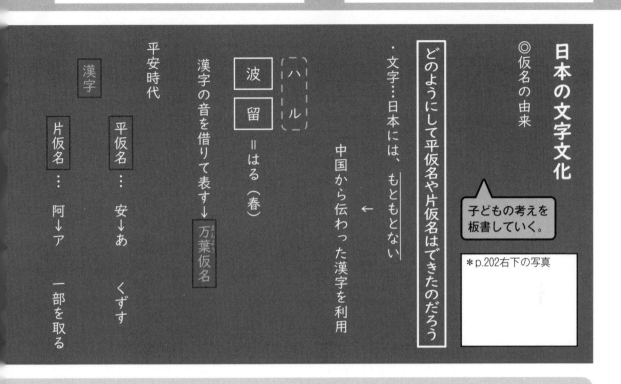

❸ 注意が必要な仮名遣いを確かめる

どっちの仮名遣いが正しいのかな？ 調べてみよう！

教科書 p.203「仮名づかい」を読み，注意が必要な仮名遣いについて考える。「家路」「間近」「三日月」「湖」など注意が必要な言葉を仮名で書いてみる。

「鼻血」や「手作り」など，二つの言葉が合わさってできたものは，「鼻＋血」のように分けると正しい読み方が分かることも押さえたい。

❹ 本時の学習を振り返り，感想を書く

平仮名や片仮名の由来について，分かったことや，面白いと思ったことは何ですか。

日本語の発音を表すために仮名を使った昔の人の知恵がすごい。

主体的に取り組む態度は，展開の活動の様子や感想などから評価する。本時の授業の振り返りは，平仮名や片仮名の由来について分かったことや感じたこと，今後の学習にどのように生かしていきたいかなど，観点を示して記入させるとよい。

文章を書く時は，読みやすさを考えて，漢字や仮名，ローマ字を使い分けようとする意欲を高めたい。

漢字の広場⑤

1 時間

▌ 単元目標・評価

・第5学年までに配当されている漢字を文や文章の中で正しく使うことができる。(知識及び技能(1)エ)

・書き表し方などに着目して，文や文章を整えることができる。(思考力，判断力，表現力等 B(1)オ)

・言葉がもつよさを認識するとともに，進んで読書をし，国語の大切さを自覚して，思いや考えを伝え合おうとする。(学びに向かう力，人間性等)

知識・技能	第5学年までに配当されている漢字を文や文章の中で正しく使っている。((1)エ)
思考・判断・表現	「書くこと」において，書き表し方などに着目して，文や文章を整えている。(B(1)オ)
主体的に学習に取り組む態度	第5学年までに配当されている漢字を使い，絵に沿った文や会話文を書こうとしている。

2 単元のポイント

身に付けたい資質・能力

　この学習では，漢字の意味を理解し，文章の中で正しく使える力を付けたい。そのために，まず漢字の読み方と意味を確認する。次に，商店街にはどんな店があり，どんな人たちがいるのかを確認する。そして，例文にならって「どこで，誰が，何を，どうした」の形で文章を書くようにさせる。文章の形をある程度決めることで，子どもたちは漢字や言葉をどう組み合わせ，どう使っていくかを考えやすくなる。また，絵を見ると店員と客という関係が多く見られることから，やり取りを会話文で表現させる。店員の視点から敬語を用いた会話文を作らせることもできるだろう。日常の生活の中で子どもたちが敬語を適切に使いこなすのはなかなか難しい。このような短い単元を利用して，これまでの学習で十分に習熟できなかった漢字・作文の力を再度押さえながら，効果的に語彙力を高めさせていきたい。

3 学習指導計画（全１時間）

次	時	目標	学習活動
一	1	・第５学年までに配当されている漢字を文や文章の中で正しく使うことができる。 ・書き表し方などに着目して，文や文章を整えることができる。	○絵をもとにして漢字を正しく使い，絵の様子に合った文や会話文を書く。 ・漢字の読み方と意味を確かめる。 ・絵をもとに店や人物の確認をする。 ・漢字を正しく使い，絵の様子に合った文や会話文を書く。 ・書いた文章をお互いに読み合い，表現を見直す。

作文指導に発展させる

　授業時数の中で，作文指導をするための時間を確保するのはなかなか難しいのではないでしょうか。「漢字の広場」は学年で６ヶ所配当されています。文中で適切に漢字を使うことができる力を付けさせるのはもちろん大切ですが，このような配当時数の短い単元を利用して，少しずつ作文指導を積み重ねてはいかがでしょう。以下は，豊かな作文を書くための指導のポイントです。

①５Ｗ１Ｈを明確にし，整理する

　誰が（Who），何を（What），いつ（When），どこで（Where），なぜ（Why），どのように（How）を明確に伝えます。相手に伝えたいことを整理してから書かせましょう。

②表現方法を豊かにする

　擬人法……人間ではないものを人間になぞらえて表現する修辞法。　例「花笑い，鳥歌う」
　直喩………一つの事物を直接的に他の事物にたとえること。　例「柳のように美しい眉」
　暗喩………言葉のうえでは，たとえの形式をとらない比喩。　例「雪の肌」
　倒置法……文において，普通の語順と逆にして語句を配置し，修辞上の効果を上げる表現方法。　例「進もう，未来へ」
　体言止め…（和歌，俳句などで）最後の句を体言で終わらせること。名詞止め。　例「荒海や佐渡によこたふ天の河」
　擬音語……事物の音や人，動物の声などを表す語。　例「ざわざわ，ドンドン」
　擬態語……様子，格好，身振りなどの感じを表した言葉。　例「つるつる，にこにこ」

　場合によっては，上記のうちのいくつかを文を作らせるときの条件として指定しても面白いかもしれません。日常や学習の中のちょっとした「書く活動」を利用して，子どもたちの力を伸ばしていきましょう。

単元について　129

1 ｜1時間｜ 漢字の広場⑤

準備物：黒板掲示用資料

● 書くために「話す」

敬語を取り入れた会話文を書かせる場合，店員とお客さんのやり取りをペアトークさせます。ここで，敬語を使っている店員役の子どもを取り上げ，大いにほめます。敬語の既習事項を確認し，短文づくりに取り入れさせます。子ども同士のかかわり合いの中で，よいものを広めていき学習を深めていきましょう。

● 気をつけたい表現

近年，「バイト敬語」と呼ばれるアルバイトの人々が多く使う，誤った敬語の使い方があるようです。キャリア教育の一環として，子どもたちに紹介してみてはいかがでしょう。

> お弁当屋さんで店員さんが接客をしています。
> 「今なら半額でお買い求めいただけますよ。」
> 「では，お弁当を二ついただけますか。」
> 「千円でございます。」
> 「領収書もいただけますか。」
>
> 綿織物のお店で，女の人が買い物をしています。
> 「おばあさん，すてきな編み物をされていますね。」
> 「興味がおありですか。」
> 「はい，さいほうが好きなんです。私にも布を一ついただけますか。」

❶ 漢字の読み方と意味を確認する

漢字の広場は１時間しか扱わないため，できることが限られている。漢字の読み方や意味を調べることはとても大切だが，事前に宿題や家庭学習の時間に行わせておき，本時では確認程度にしておきたい。

❷ 絵をもとに店や人物を確認する

絵に出てくる店と人物を押さえる。次に，それぞれの店にいる人物が何をしているのかを確認する。店には店員とお客さんがいることを確認し，ペアでやり取りすることで，会話文のアイデアをふくらませていく。敬語を使って会話しているペアを取り上げ，敬語についての既習事項を確認し，会話文に取り入れさせていく。

本時の目標	本時の評価
・第5学年までに配当されている漢字を文や文章の中で正しく使うことができる。 ・書き表し方などに着目して，文や文章を整えることができる。	・第5学年までに配当されている漢字を文や文章の中で正しく使っている。 ・書き表し方などに着目して，文や文章を整えている。

漢字の広場⑤

商店街の通りやお店の中の様子を、会話文を入れて文章に書こう

＊p.204挿絵

敬語を使ってみよう

尊敬語　相手を立てる
「お弁当はお店でめし上がりますか。」
するのは相手

謙譲語（けんじょうご）　自分を下げる
「お弁当をいただきます。」
するのは自分

❸絵の様子に合った文や会話文を書く

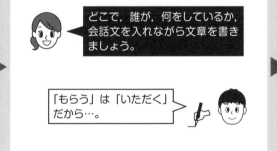

❹お互いに文章を読み合い，表現を見直す

「どこで，誰が，何をしているのか」という観点で文章を書かせる。そこに会話文を付け加える形で一つの場面を完成させる。学級の実態によっては，敬語を使うことを発展的に扱ってもよいだろう。早く書けた子には板書させ，写したり参考にしたりしてもいいこととすると，作業が遅い子や文章作りで悩んでいる子への手立てにもなる。

できあがった文章をペアで交換して読んでみる。漢字の使い方は正しいか，表現は適切かを確かめさせる。間違いを指摘するのも大切だが，漢字の使い方が正しかったり，絵の様子が詳しく書かれていたりといった，お互いのよいところをほめ合わせるようにしたい。

筆者の考えを読み取り，テーマについて考えを述べ合おう

「考える」とは

考えることとなやむこと／考えることを考え続ける／考える人の行動が世界を変える

6時間

1 単元目標・評価

・思考にかかわる語句の量を増し，話や文章の中で使うことができる。(知識及び技能(1)オ)

・文章の構成や展開，文章の種類とその特徴について理解することができる。(知識及び技能 (1)カ)

・文章を読んで理解したことに基づいて，自分の考えをまとめることができる。(思考力，判断力，表現力等C(1)オ)

・文章を読んでまとめた意見や感想を共有し，自分の考えを広げることができる。(思考力，判断力，表現力等C(1)カ)

・言葉がもつよさを認識するとともに，進んで読書をし，国語の大切さを自覚して，思いや考えを伝え合おうとする。(学びに向かう力，人間性等)

知識・技能	思考にかかわる語句の量を増し，話や文章の中で使っている。((1)オ) 文章の構成や展開，文章の種類とその特徴について理解している。((1)カ)
思考・判断・表現	「読むこと」において，文章を読んで理解したことに基づいて，自分の考えをまとめている。(C(1)オ) 「読むこと」において，文章を読んでまとめた意見や感想を共有し，自分の考えを広げている。(C(1)カ)
主体的に学習に取り組む態度	粘り強く文章を読んで理解したことに基づいて自分の考えをまとめ，学習課題に沿って考えたことを伝え合おうとしている。

2 単元のポイント

教材の特徴

　本教材は，同じテーマで書かれた複数の文章を読んで自分の考えをもつことが目標である。そのためには，それぞれの説明文の構成をとらえ，主張を読み取る必要がある。そして，自分の考えをもつためには，自分の経験と結び付けて考える必要がある。その際，複数の説明文の共通点や相違点を整理することにより，共通のテーマを読み取ることができる。

　今までの説明文の学習では，6時間程度で一つの説明文を読み取ってきた。だが今回は，同じくらいの時間数で三つの説明文を読み取り，自分の意見をまとめることが求められている。読み取りに時間をかけられないため，6年生のまとめとして今までの読みの力を発揮させたい。

132　「考える」とは

3 学習指導計画（全6時間）

次	時	目標	学習活動
一	1	・日常生活の「考える」場面をマッピングに整理することができる。 ・学習計画を立てることができる。	○「考える」場面を整理して，マッピングする。 ・三つの文章を読み，どの文章が印象に残ったかを選び，名前磁石を貼る。 ・学習計画を立てる。
二	2	・印象に残った文章において「考える」とは何かを読み取ることができる。	○三つの文章を読み，「考える」とは何かを読み取る。 ・印象に残った文章に名前磁石を貼る。
	3	・印象に残った文章の構成や展開，その特徴などの伝え方の工夫を読み取ることができる。	○三つの文章を読み，伝え方の工夫を読み取る。 ・印象に残った文章に名前磁石を貼る。 ・自分の考えと似ている文章，影響を受けた文章などを選ぶ。
	4	・三つの文章を読み，「考える」とは何かを整理することができる。 ・読み取ったことをもとに，自分の考えをまとめることができる。	○三つの文章を読んだまとめとして，「考える」とは何かを整理する。 ・読みの視点として，「比較」「『考える』のレベル」を提示する。 ・「考える」とは何かを考える。
	5	・「考える」とは何かを考え，自分の考えをまとめることができる。	○自分の考えをまとめる。
三	6	・文章を読んでまとめた意見や感想を共有し，自分の考えを広げることができる。 ・粘り強く文章を読み，自分の考えを伝え合おうとする。	○自分の考えを交流する。 ・自分の考えを活用できる場面を考える。 ・学習の振り返りをする。

今後につながる力　大学入学共通テスト

　2020年度の大学入学共通テストから，出題方法が大幅に変更され，育成することを目指す資質・能力を踏まえ，知識の理解の質を問う問題や，思考力，判断力，表現力等を発揮して解くことが求められる問題を重視した問題作成が行われるようになりました。

　国語科の問題を見てみると，大問の中に，中心となる文章にかかわって，複数の文章を読み解答する問題が増えています。それは，本単元で求めているような「同じテーマ」「同じ筆者」「同じ時代」などの文章を読み，情報を整理し，思考力，判断力，表現力等を発揮する必要がある問題です。

　社会に出てからも複数の文章を読み，考えていく場面はよくあります。本単元の位置付けを広くとらえると，今後に大きくかかわっていく内容といえます。

「考える」とは

1/6時間

考えることとなやむこと／考えることを考え続ける／考える人の行動が世界を変える

準備物：名前磁石，模造紙（マッピングを記入）

●日常から教科の学習へ

子どもたちは生活の中で多くのことを経験して学び，学習の中では，その経験や学びを整理し体系化することを目指しています。よって，単元のはじめに「考える」ことの経験を想起することで，日常と教科の学習をつなげます。この学びは単元末の学んだことを表現する時間にも活用します。

●考えたことを表現する（行動に移す）

自分の考えを頭の中だけで終わらせると，本格的に思考が活性化しません。そのため，行動に移すことを大切にします。今回は，一番印象に残った文章に名前磁石を貼りにいくという行動です。貼るためには，ある程度自分の考えをまとめる必要があります。また，友達の考えが分かり，話したくなる手立てともなります。この活動は単元を通して取り入れます。

学習計画
- 何が（内容）どのように（伝え方）書かれているのかを読む。
- 「考える」とは何かという自分の考えをまとめる。
- 自分の考えを伝え合う。

中満さん

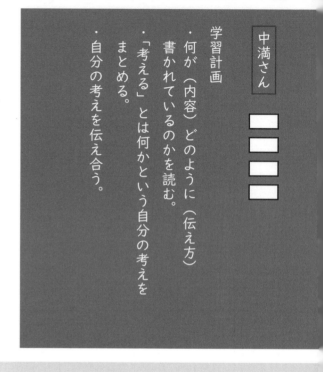

❶考えることをしている場面を整理する

「考える」ことは，どんな場面でしていますか。

算数の授業で，計算を考えています。

放課後の遊びの計画を考えます。

学習に入る前に，子どもたちの「考える」場面を想起させる。「考える」を中心にしたマッピングで整理することで，考えることの種類や場面が多いことに気付くことができる。また，この整理は単元末の自分の考えをつくり，交流する際に活用することができる。模造紙に記入しておけば，後の授業で活用することができる。

❷三つの文章を読む

三つの文章を読みます。印象に残った文章はどれか考えながら聞いてください。

自分と似ている考えだから，この文章にしようかな。

三つの文章を範読する前に，印象に残った文章を選択するように伝える。子どもたちが選択する理由は様々である。「自分の考えと似ている」「この考え方が自分に合っている」「分かりやすい」などである。この理由が，今後の学習に生きてくるため，大切にさせたい。

| 本時の目標 | ・日常生活の「考える」場面をマッピングに整理することができる。
・学習計画を立てることができる。 | 本時の評価 | ・日常生活の「考える」場面をマッピングに整理している。
・学習計画を立てている。 |

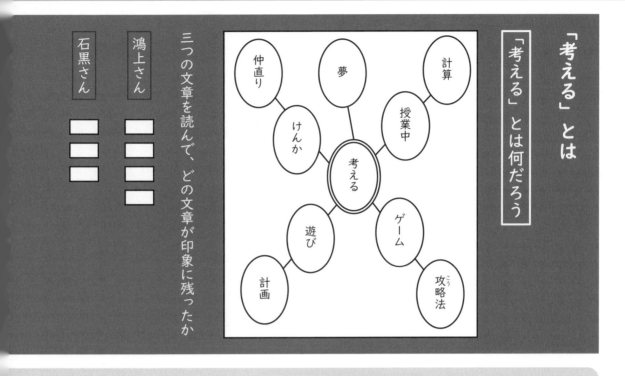

❸ 名前磁石を貼る

　一番印象に残った文章に名前磁石を貼りましょう。

考えることがどういうことか分かったから、鴻上さんの文章だな。　

例が分かりやすかったから、中満さんの文章にしよう。　

　黒板に3人の筆者の名前を書いておく。一番印象に残った文章を一つ選び、名前磁石を貼らせる。自分の考えを整理するためには、行動することが必要である。一つ選ぶことにより、自分の考えが整理される。そして、友達と考えが同じ部分や違う部分が視覚的に明らかになるため、交流する土台ができる。おそらく、自然と選択した理由を話し出すだろう。

❹ 学習計画を立てる

　最後に、この単元ではどんな学びをしていけばp.212の目標を達成できるかを考えましょう。

筆者の伝えたいことや、伝え方について考えたいです。　

「考える」とはどういうことか、自分の考えをまとめたいです。　

　教科書p.212の目標を読み、目標達成のために必要な学びを子どもたちと整理する。「筆者の伝えたいこと（内容）」「どのように書かれているか（伝え方）」「自分の考えをまとめる」「交流する」ということが出てくることが予想される。これらを組み合わせて、単元計画を作成する。

「考える」とは

2 / 6時間
考えることとなやむこと／考えることを考え続ける／考える人の行動が世界を変える

準備物：名前磁石

●個別最適な学び

　三つの文章から一つ選択する活動は，自分の読みたい文章を選ぶことでもあります。名前磁石が貼ってあるので，誰が同じ文章を選んだのかも分かります。読む人数は，1人，2人，グループと，学びたい人数を選択できるようにすることで，主体的な学びへとつながります。

　読んでいく途中で，「やっぱり違う文章に変えたい」という気持ちも大切にしてあげます。その場合は，その場で違う文章に変わってもよいことを伝えておくことで，自分の「考える」ことに影響する文章とは何かを模索しながら学ぶ時間を保障することができます。

　本時は，本格的に読む最初の時間であるため，今後の授業の中でも変更する可能性はあります。読みが更新されていることを肯定することで，意欲的な学び手を育てることにもつながるでしょう。

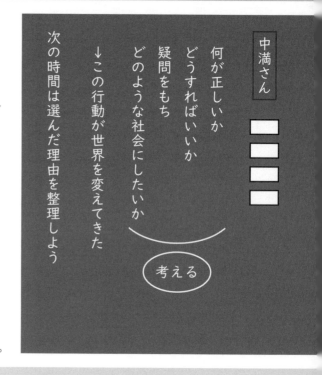

❶印象に残った文章に名前磁石を貼る

「印象に残った文章に名前磁石を貼りましょう。」

「鴻上さんの文章だったな。」

「石黒さんの文章にしたな。」

　前時を思い出し，自分が選んだ文章に名前磁石を貼らせる。一つ選択する時には，必ず理由が伴う。その理由が，本時の中で大切になってくる。

❷「考える」ことを読み取る

「書かれている内容を整理します。自分の選んだ文章を中心にまとめましょう。」

「名前磁石を見たらAさんと同じだから，一緒に考えたいな。」

　自分の選んだ文章を中心に，書かれている内容を整理していく。個別最適な学びとなるように，学ぶ人数は子どもたちが名前磁石を見ながら選択できるようにする。自分の選んだ文章がまとめられたら，2番目に選択する文章について整理していく。

| 本時の目標 | ・印象に残った文章において「考える」とは何かを読み取ることができる。 | 本時の評価 | ・印象に残った文章において「考える」とは何かを読み取っている。 |

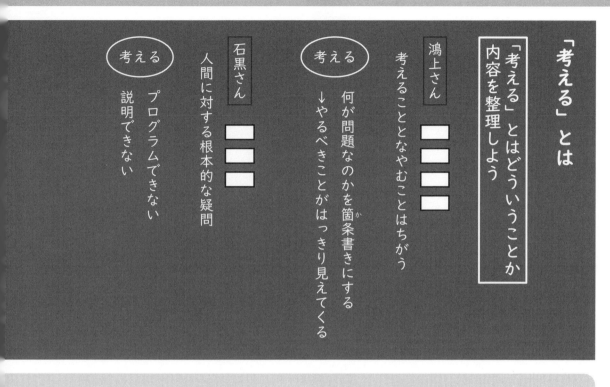

▶ ❸ それぞれの「考える」ことを発表する

「考える」ことは、どのように書かれていましたか。

鴻上さんの文章には、箇条書きにすることで「考える」ことが明らかになると書いてありました。

　三つの文章の「考える」ことを板書していく。それぞれの文章について、短い言葉でまとめていく。選ばなかったのは、「難しい」「分かりにくい」という理由もあるだろう。言葉を並べて板書するだけでなく、どのようなことを伝えているのかを言い方を変えながら複数発表できるようにする。

▶ ❹ 次時について確認する

次の時間は、どんな学習をしますか。

選んだ理由を考えます。伝え方が影響しているように思います。

　名前磁石を貼り、選択することには理由が伴う。その理由には、内容はもちろんであるが、書き方・伝え方が大きく影響している。本時は、内容のみをまとめていく時間であったが、選択した理由として「例がある」「経験を述べている」などの発言がある可能性がある。その場合は、ここで再度取り上げて次の時間の活動につなげる。

第2時　137

3 「考える」とは

6時間　考えることとなやむこと／考えることを考え続ける／考える人の行動が世界を変える

準備物：名前磁石

●伝え方の工夫

6年間の説明文の学習の中で，内容に加えて，伝え方についても学びを重ねてきました。書き手としても相手を説得する方法として，学習した経験もあるでしょう。今回の学習では，自分が印象に残った文章の書かれ方を読み取ることで，改めて表現方法によって伝わり方が変わることを知る時間となります。伝え方の工夫の中には，

- 繰り返し（何度も出てくる言葉）
- 比較
- 自分の経験
- 名言，ことわざなど
- たとえ

などがあります。6年間の学習の復習として，どの程度見付けることができるかで，学習の積み重ねを見取ることもできます。

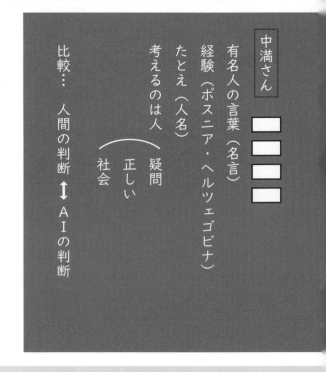

❶印象に残った文章に名前磁石を貼る

印象に残った文章に名前磁石を貼りましょう。変更してもいいですよ。

鴻上さんの文章だったけど，中満さんの文章に変えよう。

石黒さんの文章にしたな。そのまま変更しない。

印象に残った文章を再度聞き，名前磁石を貼らせる。この時，今までと考えを変えてもよいことを伝える。読み取りが進む中で，印象に残る文章が変わる可能性もあるからである。変更を許容することで，選択の理由がより明確になっていく。

❷伝え方の工夫を考える

伝え方の工夫を整理します。自分の選んだ文章を中心にまとめましょう。

名前磁石を見たら，Bさんと同じだな。でも，今日は1人で考えたいな。

選択の理由は，書かれている内容だけでなく，書き方（伝え方）にも大きく影響されている。本時では，伝え方に焦点を当てて学習を展開していく。ここでも，個別最適な学びの時間を確保し，学び方を選択できるようにする。文章の選択，学ぶ人数の選択と個人の学び方に合わせて，学び方の幅をもたせられるようにする。

| 本時の目標 | ・印象に残った文章の構成や展開，その特徴などの伝え方の工夫を読み取ることができる。 | 本時の評価 | ・印象に残った文章の構成や展開，その特徴などの伝え方の工夫を読み取っている。 |

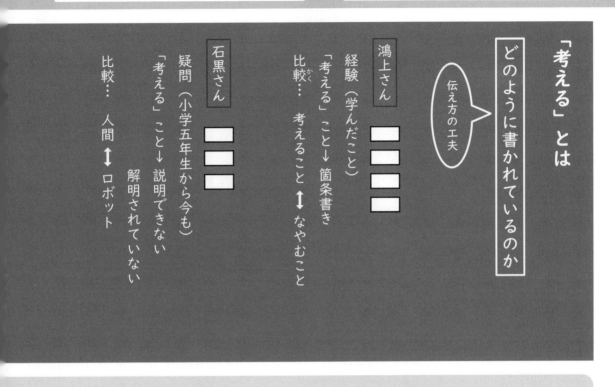

「考える」とはどのように書かれているのか
　伝え方の工夫

鴻上さん
経験（学んだこと）□□□□
「考える」こと→箇条書き
比較…考えること⇔なやむこと

石黒さん
疑問（小学五年生から今も）□□□
「考える」こと→説明できない解明されていない
比較…人間⇔ロボット

❸ それぞれの伝え方の工夫を発表する

どんな伝え方の工夫がありましたか。

中満さんは，名言や例を出して説明をしているので分かりやすいです。そして，人間の判断とAIの判断を比較して考えています。

❹ 書くための準備をする

自分の考えと似ている文章はありますか。

似ている文章はないな。

自分が影響を受けた文章はありますか。

中満さんのAIについての考え方はその通りだと思いました。

　板書の工夫をすることで，三つの文章の共通点・相違点を見付けることができる。そのため，書く順番を意識して板書することとした。最初は，「考える」ことを考えるきっかけ（経験・疑問）。次は，「考える」こととは何か。最後に，比較を用いていること。このように板書すると，同じ部分を見付けやすくなる。

　次の時間に自分の考えをまとめるため，いくつかの質問をする。「自分の考えと似ている文章」「自分の考えと違う文章」「影響を受けた文章」はどれかを聞き，挙手して考えを表現できるようにする。その後，その理由についてペア対話の時間を設定したら，自分の考えを自然と話し出すだろう。

「考える」とは

4/6時間
考えることとなやむこと／考えることを考え続ける／考える人の行動が世界を変える
準備物：なし

●板書計画

本時は，三つの文章を整理し，「考える」ことについて自分の考えをもちます。三つの文章には，伝え方の工夫として比較が用いられており，これを活用して板書します。子どもたちから出てきた発言内容がバラバラであっても，四つに分けた場所に書いていくことで整理された板書となります。

●補助発問の準備

ノートに記述した内容が活発に発表された場合には必要ありませんが，発言が滞る場合には補助発問を準備しておくと授業がスムーズに流れます。ここでは，「比較」へ焦点化する補助発問，「ロボットやAIができること・できないこと」へ焦点化する補助発問を準備しました。実態に応じて，補助発問を準備すると思考を止めずに考え続けられます。

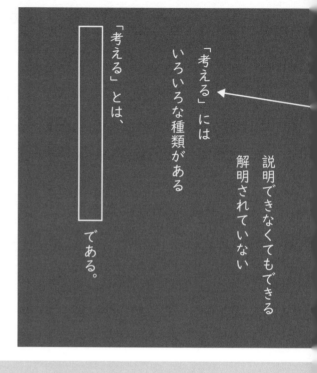

❶「考える」とは何かを考える

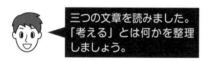

三つの文章を読み，「考える」とは何かを考える時間である。それぞれの文章の中から大事な言葉を抜き出して，考えをつくる。ノートにまとめる時間を設定することで，この後の学習を自然と展開することができる。難しく感じる場合は，印象に残った文章から言葉を抜き出すように助言すると考えられるようになるだろう。

❷どんな比較が出てきたか整理する

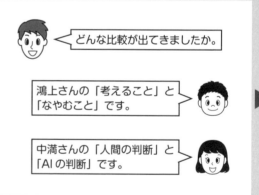

ノートにまとめたことを発表していく時には，矢印と点線で分けることを意識する。なかなか発言がなかった場合には，「比較」に着目できるように発問をし，板書に整理していく。
・「考えること」と「なやむこと」
・「人間」と「ロボット」
・「人間の判断」と「AIの判断」

本時の目標	・三つの文章を読み,「考える」とは何かを整理することができる。 ・読み取ったことをもとに,自分の考えをまとめることができる。	本時の評価	・三つの文章を読み,「考える」とは何かを整理している。 ・読み取ったことをもとに,自分の考えをまとめている。

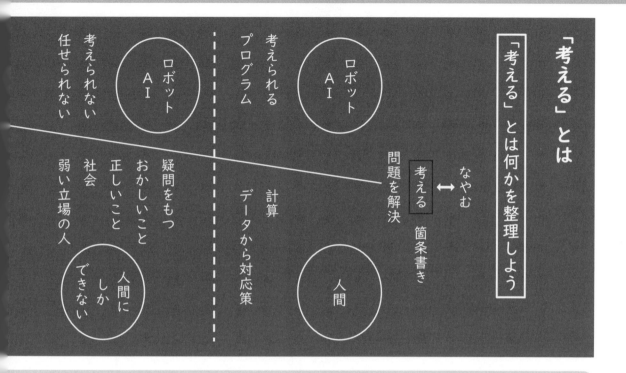

❸「考える」のレベルに分ける

ロボットやAIが考えられることは何ですか。

計算やプログラムです。

ロボットやAIが考えられないことや任せられないことは何ですか。

弱い立場に立って考えることです。

　ノートに書いたことの発言が自然と続けば,板書計画通りに整理していく。発言がつながらない場合には,「ロボットやAIができること・できないこと」を発問することで,人間との比較をすることができる。板書計画通りにまとめていくことができたら,三つの文章の大切な言葉が整理されたことになる。

❹「考える」とは何かをまとめる

「考える」とは,どういうことだと思いますか。

人間だけにできることで,正しいことは何かを考え追求すること。

社会は変化するので,AIに判断を任せることができない。

　「考える」こととは,板書の表でいうと左下の部分である人間にしかできないことを中心にまとめることができる。自分の知識や経験と結び付けて,考えをまとめるためにも,この時間は具体的に「考える」ことができるように意見を発表させていく。

5/6時間 「考える」とは

考えることとなやむこと／考えることを考え続ける／考える人の行動が世界を変える

準備物：名前磁石

●考えをまとめるためには「話す→書く」

自分の考えを書く活動を行うために，いきなり鉛筆を握ると手が止まってしまう子たちが多くいます。そうならないためには，まずは近くの人と話をすることが有効です。テーマに沿って，自分の考えを伝えることで，考えが整理されていきます。ここで聞き手の反応がよければ，「もう少し詳しく説明したほうがいいな」と気付いたり，自分の考えに自信をもったりすることができるのです。

●書く手立てとして書き出しを示す

考えを書く学習で書き出しを示す手立ては，どの子にとっても有効です。自分の中に書きたいことはあるけれど，書き出しをどうしたらいいのかと手が止まる子を多く見てきました。書き出しがあれば，考えてほしいことの中心を表現しやすくなります。

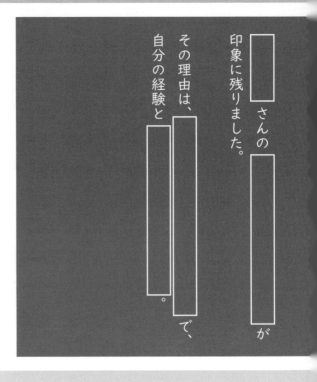

□□さんの□□□が印象に残りました。その理由は，自分の経験と□□□で，□□□。

❶印象に残った文章に名前磁石を貼る

 自分の考えを書くために，印象に残った文章に名前磁石を貼りましょう。

自分の考えに影響を与えたのは，中満さんの文章だな。

箇条書きにする方法は使えそうなので，鴻上さんの文章だな。

単元を通して，印象に残った文章に名前磁石を貼っている。自分の考えを明らかにするためである。また，自分の考えを変更することを毎時間許容し，自分の考えを意思表明できる場を設定するためでもある。選択した理由は，自分の考えをまとめる時に重要な内容となる。

❷自分の考えをまとめる

 自分の思っていることと似ていること，違うことはありましたか。どの文章に影響を受けましたか。

「考える」ことは，頭の中で想像することだと思っていたな。鴻上さんの文章かな。

ここでは，
・印象に残ったこととその理由
・自分の知識・経験と比べて似ているところ，違うところ
までを板書する。選択の理由を考えることに加えて，自分の知識・経験と比べる活動を入れることで，より具体的に述べることにつながる。

本時の目標	・「考える」とは何かを考え，自分の考えをまとめることができる。	本時の評価	・「考える」とは何かを考え，自分の考えをまとめている。

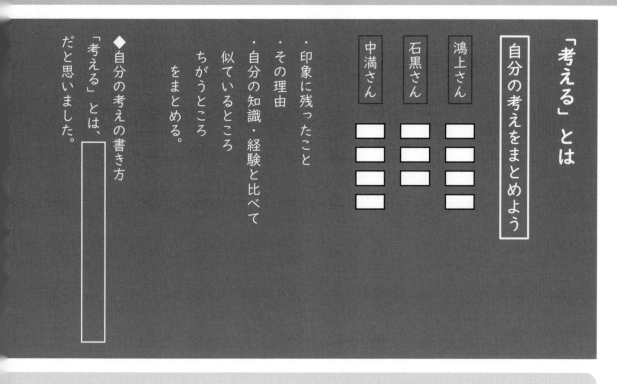

❸自分の考えを話す

・印象に残ったこと
・その理由
・似ているところ・違うところ
を交流してみましょう。

私は，中満さんの文章を読んで，人間の判断の重要性を感じました。

そうなんですね。重要性とはどういうことですか。

　自分の考えを書く前に，まずは近くの人と話す。ここでは，互いの考えを共感して聞き合い，相手の考えをよく知りたい部分については問い返すことを伝える。肯定的に話を聞いてくれる人がいると，自分の考えを整理しやすくなるので，話し合う姿勢について確認してから活動に移らせたい。

❹自分の考えを書く

自分の考えをまとめたものを書きましょう。次の時間に交流しましょう。

Aさんに聞かれたことも詳しく書けるようにしよう。
穴埋めをするように考えたらいいから，書きやすいな。

　話し言葉で表現したことを記入していく。ここで，ある程度の書き出しを指導者が示すことで自分の考えを書きやすくなる。全員がこの型を活用しなくてもよいが，書く手立てとして黒板に書いておく。ここで書いたものを次の時間に交流する。

6 「考える」とは

6/6時間

考えることとなやむこと／考えることを考え続ける／考える人の行動が世界を変える

準備物：黒板掲示用資料

● 学習は，生活→教科→生活

　教科の学習は，系統立った学びであり日常生活の中では特殊な環境です。そのため，単元計画では生活の場面（「考える」場面の整理）から学習を始め，三つの文章を読む教科の学習（内容と伝え方の工夫）を経て，また生活の場面（教科の学びを「考える」場面で活用できないかを考える）に戻すという工夫をしました。これは，教科の学びが生活の中で活用できることを実感することは，学びの本質であると考えるからです。

● 学習の振り返り

　何を学んだのか，自分にはどんな力が身に付いたのかを振り返る時間は，今度さらに重要視されると思います。自らの学びをメタ認知する学び方は，次の学習へと学んだことをつなげる力となるからです。

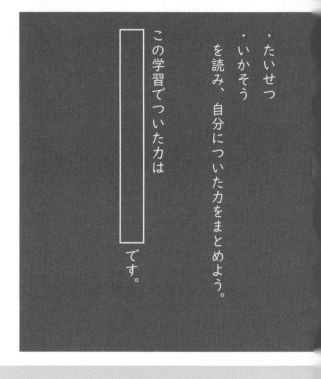

・たいせつ
・いかそう
を読み，自分についた力をまとめよう。
この学習でついた力は　　　　　　　です。

---

❶ 自分の考えを見直す

今日は，グループごとに考えを交流します。前の時間に書いた内容を自分で読んでみましょう。

アドバイスをもらったところは，具体的に伝えられるようにしたいな。

　自分の書いた文章を読み，交流するための学習の構えをつくる。前の時間にグループのメンバーからもらったアドバイスを思い出し，本時の発表に生かそうとする態度をほめたい。

❷ 考えをグループで交流する

グループで交流しましょう。聞いた人は，自分の考えと比べながら聞き，反応をしましょう。

「考える」ことは，具体的に取り組むことをはっきりとさせる…。

今まで，そのような考え方をしたことはありましたか。

　交流は，発表者の姿勢も大切であるが，聞き手の反応が何よりも発表者の伝え方を育てるものである。交流に入る前に，聞き方について確認したのち，活動に入れるようにする。机間巡視をし，いい聞き方ができていたら称賛するようにすると聞き手が育つ。

本時の目標	・文章を読んでまとめた意見や感想を共有し、自分の考えを広げることができる。 ・粘り強く文章を読み、自分の考えを伝え合おうとする。	本時の評価	・文章を読んでまとめた意見や感想を共有し、自分の考えを広げている。 ・粘り強く文章を読み、自分の考えを伝え合おうとしている。

「考える」とは 自分の考えを伝え合おう

・印象に残ったこと
・その理由
・自分の知識・経験と比べて
　似ているところ
　ちがうところ

まとめた考えを活用できる場面はあるだろうか

＊第1時のマッピングを書いた模造紙

❸ 活用できる場面を考える

1時間目に整理した「考える」のマッピングを見て、活用できそうな場面はありますか。

遊びの計画をする時に、晴れるかな？　けがしないかな？　と思うのではなく、晴れたら公園でおにごっこをする、と具体的に考えるといいと思いました。

　第1時に考えた「考える」場面のマッピングを貼り出し、自分のまとめた内容が活用できないかを考える時間を取る。学んだことが日常生活に活用できると実感することが教科の学びを促進することにつながるからである。グループで交流する時間を短時間でも設定したい。

❹ 身に付いた力を振り返る

学習の振り返りをします。「たいせつ」「いかそう」を読み、身に付いた力を書きましょう。

印象に残ったのは、内容だけでなく伝える工夫もかかわっていたことです。友達は私と違う文章を選んでいましたが、理由に納得しました。ほかにも文章を読みたいです。

　単元末に記載されている「たいせつ」「いかそう」を読み、学びを振り返る時間を設定する。
　どのような学びをして力を身に付けたかを、単元計画を想起することで具体的に整理できるようにする。学習のまとめとして、ノートに記述させたい。

使える言葉にするために

1時間

1 単元目標・評価

・第6学年までに配当されている漢字を読み，言葉の意味に合うように文や文章の中で書くことができる。(知識及び技能(1)エ)

・言葉がもつよさを認識するとともに，進んで読書をし，国語の大切さを自覚して，思いや考えを伝え合おうとする。(学びに向かう力，人間性等)

知識・技能	第6学年までに配当されている漢字を読み，言葉の意味に合うように文や文章の中で書いている。((1)エ)
主体的に学習に取り組む態度	第6学年までに配当されている漢字について，読み方や意味が分からない言葉を進んで辞書で調べようとしている。

2 単元のポイント

この単元で知っておきたいこと

　小学校で習う漢字は，全部で1026字ある。これらの漢字は，学年ごとに習得していくだけでなく，日常生活や学習の中で繰り返し使うことで，徐々に定着していく。漢字学習は，子どもにとって重要な学習の一つである。さらに，習った漢字を熟語で覚えることで，文章の意味を理解しやすくなったり，自分の考えを相手に伝えやすくなったりする。そのため，子ども一人一人のペースに合わせながら，楽しく効果的に漢字学習を進めていくことが大切である。

　様々な教科の学習の中で使われる言葉が教科書にまとめられているが，子どもたちに言葉の意味を改めて問うと，なんとなく意味は分かるけど…という反応が多いのではないだろうか。言葉の意味が分からない時は，自然に国語辞典を手に取るような子どもたちにしたいものである。子どもたちは3年生で初めて国語辞典に出会う。調べた言葉に印を付け，付箋を貼らせていくことで，学習の足跡が視覚的に積み上がっていき，6年生の時には達成感や自信の向上につながっていく。そして，中学校でも主体的な学習のための大切なツールの一つにさせていきたい。

146　使える言葉にするために

❸ 学習指導計画（全１時間）

次	時	目標	学習活動
一	1	・第６学年までに配当されている漢字を読み，言葉の意味に合うように文や文章の中で書くことができる。	○言葉を使う場面や，使い方を理解するためにはどのようにすればよいかを考え，言葉の意味に合うような短文を作る。 ・言葉の使い方を理解する方法を考える。 ・言葉の読み方と意味を確認する。 ・熟語を使って，短文を作る。 ・作った短文を全体で交流する。

書く力は１日にしてならず

　本単元は，既習の言葉の意味に合うように短文を作ることを目標としていますが，１時間学習しただけでその力が身に付くわけではありません。書く力は日々の様々な場面での取り組みの積み重ねによって身に付いていくものだと思います。例えば，こんな取り組みはどうでしょう。

視写…詩集を読み，気に入った詩を視写させる。物語文の「好きな場面」や「会話文」，「描写の文」を視写させる。説明文の「段落」「筆者の主張」「まとめ」を視写させる。

聴写…先生が読み上げた文や連絡帳の連絡内容を，耳で聞いて写して書く。

速写…１分間で指定された内容を視写させ，文字数をカウントさせる。

振り返り日記…帰りの会の時間，５分程度で日記を書かせる。B6判の大きさに５行程度の量を継続して書かせる。テーマを指定してもよい。

教科の振り返り…各授業の最後に，２〜３行程度の振り返りを書かせる。日記と同様，書く視点やテーマを与えてもよい。

うそ作文…新出漢字を学習した後，習った漢字を使って創作作文を書かせる。

　上記の取り組みは一例であり，まだまだたくさんの取り組みが考えられます。変化のある繰り返しで，様々な「書く」取り組みに挑戦させることで，少しずつ書く力が高まります。それぞれの活動に取り組む際は，「楽しかった」とゲームの要素だけで終わらないように，何のための取り組みなのかの趣意説明をし，励ましながら活動に取り組ませます。できたという事実を積み上げることで子どもたちが自信をもち，書く力が高まっていくようにしたいものです。

単元について　147

使える言葉にするために

1 / 1時間
準備物：黒板掲示用資料，国語辞典，付箋

●学習形態の選択をさせる

文章の内容に合うように言葉を使うため，辞書で言葉の意味を調べることを大切にしたいところです。辞書に載っている言葉の意味を見ながら短文を作りたい子どもや，例文を参考に短文を作りたい子どももいると思います。また，教科書を実際に見て言葉を調べたい子もいるかもしれません。1人で短文づくりにどんどん取り組みたい子もいれば，ペアやグループでヒントをもらいながら作業をしたい子もいるでしょう。何を学ぶのか，どうやって学ぶのか，6年生も終盤に差しかかってきたこの時期に，自分たちで学びの形を選べるようになっているといいですね。

言葉を使う場面や、使い方を理解するために、辞典などで意味を調べ、文章の中で的確に使うようにしよう

【学習の進め方】
1. 学習の取り組み方を決める。
2. 短文を作る。
3. （先生になりきり，まとめを書くつもりで）おたがいに読み合う。
4. 作った文を発表する。

---

❶言葉の使い方を理解する方法を考える

「言葉を使う場面や，使い方を理解するためにはどんなことをすればいいでしょう。」

「読書をたくさんするのはどうかな。」

「国語辞典で言葉の意味を調べるといいんじゃない？」

これまでたくさんの漢字や言葉を習ってきたことを想起させ，言葉をたくさん知ることのよさについて触れておく。次に，教科書に出てくる各教科の言葉の中からいくつかを例示し，普段の生活の中で使う頻度の少ない言葉の意味や使い方は覚えにくいことを確認する。言葉を使う場面や，使い方を理解するためにはどんなことをすればよいかを考え，本時の学習内容につなげていく。

❷言葉の読み方と意味を確認する

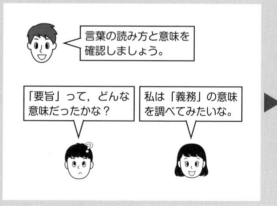

「言葉の読み方と意味を確認しましょう。」

「「要旨」って，どんな意味だったかな？」

「私は「義務」の意味を調べてみたいな。」

言葉の読み方を確認する。席順などでどんどん指名してテンポよく言葉を読ませていく。読み方が分からない場合，教科書に読み仮名を書かせる。意味の分からない言葉を共有し，国語辞典で調べさせる。調べた意味をスプレッドシートに共同作業でまとめておくと，次の短文づくりの時に，そのまま資料として活用できる。

| 本時の目標 | ・第6学年までに配当されている漢字を読み，言葉の意味に合うように文や文章の中で書くことができる。 | 本時の評価 | ・第6学年までに配当されている漢字を読み，言葉の意味に合うように文や文章の中で書いている。 |

使える言葉にするために

言葉を使う場面や、使い方を理解するためにはどのようにすればよいだろう

・読書をする
・国語辞典で意味を調べる
・たくさん話をする
・日記などの文章を書く

＊p.216　言葉の一覧表

---

❸熟語を使って，短文を作る

教科書の熟語を組み合わせて，短文を作りましょう。

教科書にある言葉を組み合わせて，短文を作っていく。ただ文を作るだけでなく，「授業のまとめを書くように」「先生になりきり，説明するように」など，条件を付けても面白い。国語・社会・算数・理科の4グループに分け，1人で，ペアで，グループでなど，取り組み方を子どもたちに選ばせたい。早くできた子には，その他の教科に取り組ませる。

❹作った短文を全体で交流する

できた文を，言葉の意味と合っているかに気を付けて，お互いに読み合いましょう。

使い方がバッチリ合っているね。

文の意味が分かりやすくていいね。

まずはできた短文を全体で共有し，文章の内容と言葉の意味が合っているかに気を付けて，お互いに文を読み合う時間を確保する。最後に，作った文をそれぞれ発表し，言葉の使い方について理解を深めさせたい。

言葉について考えよう

日本語の特徴

3時間

❶ 単元目標・評価

・語句と語句との関係，語句の構成や変化について理解し，語感や言葉の使い方に対する感覚を意識して，語や語句を使うことができる。（知識及び技能(1)オ）

・文の中での語句の係り方や語順について理解することができる。（知識及び技能(1)カ）

・目的や意図に応じて簡単に書いたり詳しく書いたりするとともに，自分の考えが伝わるように書き表し方を工夫することができる。（思考力，判断力，表現力等B(1)ウ）

・言葉がもつよさを認識するとともに，進んで読書をし，国語の大切さを自覚して，思いや考えを伝え合おうとする。（学びに向かう力，人間性等）

知識・技能	語句と語句との関係，語句の構成や変化について理解し，語感や言葉の使い方に対する感覚を意識して，語や語句を使っている。（(1)オ） 文の中での語句の係り方や語順について理解している。（(1)カ）
思考・判断・表現	「書くこと」において，目的や意図に応じて簡単に書いたり詳しく書いたりするとともに，自分の考えが伝わるように書き表し方を工夫している。（B(1)ウ）
主体的に学習に取り組む態度	進んで日本語の特徴について理解を深め，学習課題に沿って日本語の特徴を紹介する文章を書こうとしている。

❷ 単元のポイント

この単元で知っておきたいこと

　本単元は，これまでの学習で得た日本語についての知識を生かしつつ，日本語の文の語順の特徴や，言葉の表現方法などに着目しながら，さらに理解を深めることを目指している。日本の文化や伝統への理解と関心を深め，尊重する態度を養うことを期待して設定されている。

　児童はこれまでに，言葉や漢字に関する教材を通して，言葉の働きや文字・表記のきまり，文の組み立てなどについて理解を深めてきた。本単元では，ほかの国の言語と比較しながら日本語の特徴について考えを深める活動を通して，述語が文末に位置することが多かったり，語順の入れ替えが比較的柔軟であったりするという日本語の特徴を理解させ，効果的に言葉を運用しようとする態度を育てていきたい。

150　日本語の特徴

教材の特徴

　本教材は，前半で日本語の特徴について考え，後半では，日本語の特徴や面白さを文章にまとめるという流れになっている。ただ知識として理解させるだけでなく，単元のゴールに「日本語の面白さを紹介しよう」というテーマを設定している。日本語の特徴について理解したことを自分の言葉でまとめることによって，より学習を深めることができるであろう。

③ 学習指導計画（全3時間）

次	時	目標	学習活動
一	1	・日本語の文と英語の文を比較することを通して，語句の係り方や語順について理解することができる。	○日本語の特徴について考え，問いをもつ。 ・三コマ漫画を読み，日本語の特徴について考える。 ・単元のめあてを確認し，学習の見通しをもつ。 ・日本語と英語の文を比較し，気付いたことを話し合う。 ・文の組み立てに着目し，日本語の特徴をまとめる。
	2	・表記や表現に着目して日本語の語彙の特徴を考えることを通して，語句と語句との関係について理解するとともに，進んで日本語の特徴について理解を深めようとする。	○「言語の特徴を考えるときは」を参考に，日本語の特徴をまとめる。 ・教科書 p.219 L.7～を読み，表記に着目して特徴を押さえる。 ・晴れ・雨・くもりに関係する表現が豊富にある理由を考え，日本語の語彙の特徴を見付ける。 ・日本語の面白さについて話し合い，考えを共有する。
	3	・日本語の特徴について，自分の考えが伝わるように書き表し方を工夫するとともに，これまでの学習を振り返りながら，日本語の面白さを紹介する文章を書こうとする。	○「日本語のここが面白い」と思うところを紹介する文章を書き，友達と読み合う。 ・前時までの学習や教科書やノートを見返して，紹介する題材を一つ選ぶ。 ・具体例をもとに，面白いと思ったところなどをワークシートにまとめる。 ・友達と読み合い，交流する。

教科書を上手に活用する

　教科書の巻末には，「伝え合うための言葉」「言葉の宝箱」，また，国語学習でよく使われる言葉について「学習に用いる言葉」が掲載されています。物語文や説明文の学習だけでなく，書く活動でも活用し，自分の考えを分かりやすく伝える表現に役立てるとよいでしょう。

1 日本語の特徴

準備物：黒板掲示用資料

●意見が出ない時は

　なかなか意見が出ず，授業の流れが止まりそうな時は，教師が答えを提示するのではなく，「近くの人と相談する？」などと言って，児童同士で相談させると主体的に学ぶ態度を育てることができます。いきなり全体で話すことに抵抗を感じる児童もいるので，近くの人と相談して声を発することで，話しやすい雰囲気になります。

●単元のゴールにつなげるために

　活動❸では，日本語の特徴をまとめ，面白さについて考えることにしています。その際，面白いと思ったところだけでなく，日本語の難しさについても尋ねるといいでしょう。第3時で紹介する文を書く時に役立ちます。

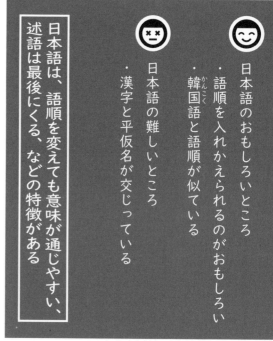

❶日本語の特徴について問いをもつ

　まずは，これまでの学習を振り返り，日本語の特徴について考える。

　その後，教科書p.217の三コマ漫画を提示し，再度「日本語とはどのような言語か」について考えたうえで，単元のめあてを確認する。

　単元のめあてを確認することで，学習の見通しをもつことができ，児童が安心して学習に取り組む環境づくりにつながる。

❷日本語と英語の文の違いを見付ける

　日本語と英語の文を並べて提示し，気付いたことを発表させる。児童の中には，語順以外の違いに気付く子もいる。それらの考えを否定せず，受け止めながら，語順に着目して考えるよう促すとよい。

　その際，教科書p.219の「言語の特徴を考えるときは」を参考にする。

152　日本語の特徴

| 本時の目標 | ・日本語の文と英語の文を比較することを通して、語句の係り方や語順について理解することができる。 | 本時の評価 | ・日本語の文と英語の文を比較することを通して、語句の係り方や語順について理解している。 |

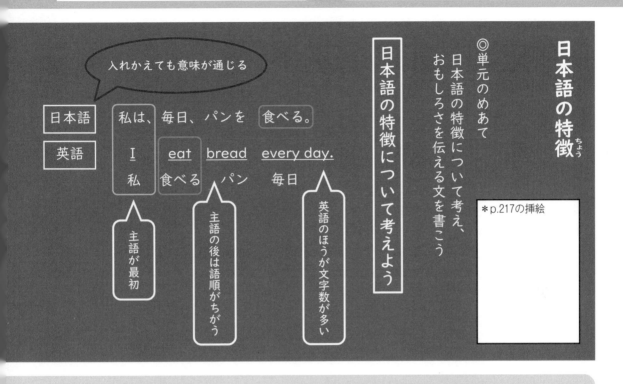

❸日本語の特徴をまとめる

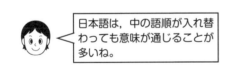

ほかの言語とも語順の違いがないか比べる。違いを探すことによって、語順が似ている言語にも気付かせたい。

その後、教科書 p.219 L.1〜6 を読み、日本語の特徴をまとめる。日本語の面白さや難しさを考え、発表する。

❹本時の学習について振り返る

- ほかの国の言語と比べると日本語の特徴がよく分かるね。
- 日本語は語順を入れ替えても比較的意味が通じやすいことが分かったよ。
- ほかにも日本語の特徴があるのかな。もっと調べてみたいな。

全体で、日本語の面白さについて考えを共有したうえで、本時の学習について振り返り、分かったことやもっと知りたいことをノートに書く。振り返りを書く際は、
・どんなことが分かったか
・もっと知りたいこと
など、書く内容を指定することで、本時の学びを自覚させ、次時への意欲を高めることができる。

日本語の特徴

2／3時間　準備物：黒板掲示用資料，国語辞典

●児童の困り感に寄り添って

　活動❷❸では，教科書の例以外に表記や表現の仕方の違いがないか調べる活動を行います。個別に取り組むことが難しそうな場合は全体で，少数の児童が困っている場合は，ペアやグループ，先生のお助けコーナーを設けて取り組ませるなど，児童の困り感に寄り添った指導形態を工夫することで，主体的に取り組む姿を引き出すことができるでしょう。国語辞典や端末も活用できます。

●語彙の質を高めるために

　活動❸では，「雨」に関係する表現が豊富である理由を考えることで語彙の特徴に気付かせます。「晴れ」「くもり」などほかの言葉でも表現の仕方が豊富にないか探す活動を通して，語句の意味や使い方に対する感覚を豊かにすることができます。

> 日本語は、一つの言葉で意味を区別でき、表現のしかたが多いという特徴がある
>
> おもしろい…いろいろな表現のしかたがあっておもしろい　文字を見て、状況がすぐ分かる
>
> 難しい……表現のしかたが多いと覚えるのが大変

❶本時の学習のめあてを確認する

「日本語の特徴を考える時は，表記などにも着目するとよいのですね。」

　教科書 p.219「言語の特徴を考えるときは」を読んで，本時のめあてを確かめる。言語の特徴を考える時は，文の組み立て以外にも表記や，言葉や表現に着目するとよいことを押さえる。

❷表記に着目して特徴を押さえる

「どうして言葉や表現の仕方に，このような違いがあるのでしょう。」

「日本語で使われている漢字は，表意文字だから一字で意味を区別できるんだね。」

　教科書 p.219 L.7〜を読み，表記に着目して特徴を押さえる。教科書の説明を板書に分かりやすく整理する。
　言葉や表現の仕方にどうして違いがあるのかを考えることで，日本語の表記の特徴について改めて気付くことができる。また，教科書の例のほかにも表現の違いがないかを調べる活動を取り入れてもよい。

本時の目標	・表記や表現に着目して日本語の語彙の特徴を考えることを通して、語句と語句との関係について理解するとともに、進んで日本語の特徴について理解を深めようとする。	本時の評価	・表記や表現に着目して日本語の語彙の特徴を考えることを通して、語句と語句との関係について理解するとともに、進んで日本語の特徴について理解を深めようとしている。

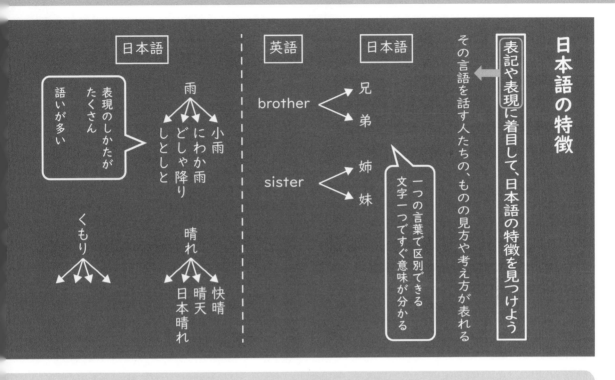

❸日本語の語彙の特徴を見付ける

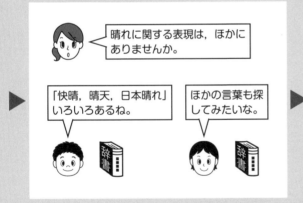

❹日本語の面白さについて話し合う

日本語は、いろいろな表現の仕方があるってすごいね。

表現の仕方が多い分、覚えるのが大変そうだなぁ。

　雨以外にも、晴れ、くもりに関係する表現の仕方が豊富にないかを探す。その際、国語辞典を活用するとよい。辞書を引くことで、言葉の意味だけでなく、類義語・対義語なども知ることができ、語彙を増やすことにつながる。
　いろいろな表現を調べることで、「語彙が豊富にある」という日本語の特徴を実感することができる。

　日本語の特徴についてまとめ、面白さについて話し合い、考えを共有する。面白いところだけでなく、日本語の難しいところや間違えやすそうなところに気付いて発表している児童の考えも積極的に取り入れたい。その際、どんなところが難しいと思ったのか、どんなことに注意したらよいのかも尋ねることで、第3時の活動にも生かすことができる。

第2時　155

3 日本語の特徴

3時間

準備物：黒板掲示用資料，ワークシート（本書 p.217）

●**主体的な学びにつながるように**

書くことの学習では，「誰に」「何のために書くのか」ということが大切です。目的や意図を明確にしたうえで，書き表し方を工夫させるとよいでしょう。子どもたちに伝える相手を決めさせることで，目的意識をはっきりともたせることができます。

●**文章のまとめさせ方**

本時では，「日本語の面白さ」をワークシートにまとめることにしましたが，新聞やリーフレットにまとめる方法もあります。

詳しく書く必要のある場合や簡単に書いたほうが効果的な場合などを自分で判断しながら，表し方を工夫することができるよう，巻末「伝え合うための言葉」なども参考にしてみてください。

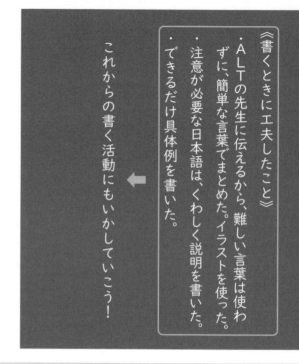

《書くときに工夫したこと》
・ALTの先生に伝えるから、難しい言葉は使わずに、簡単な言葉でまとめた。イラストを使った。
・注意が必要な日本語は、くわしく説明を書いた。
・できるだけ具体例を書いた。

これからの書く活動にもいかしていこう！

❶本時のめあてを確かめる

学習したことを生かして，○○さんに日本語の面白さを伝えよう。

どうすれば分かりやすく伝えることができますか。

書く活動に入る前に，「誰に」「何を伝えるのか」を確認し，書く目的や意図を明確にしたうえで，相手に分かりやすく伝えるためには，どんなことに気を付けたらよいのかを全体で話し合う。

教科書 p.307「伝え合うための言葉」を参考にしながら，「ほかにも自分の考えを伝えるには，どんな表現の仕方があるのか」を全体で共有すると，その後の活動で役立てることができる。

❷伝える題材を決める

ぼくは，平仮名・片仮名・漢字の面白さについてまとめたいな。

前時までの学習や教科書，ノートを見返して，紹介する題材を一つ選ぶ。

教科書 p.66「文の組み立て」，p.200「日本の文字文化」，p.276「言葉の交流」も参考にしながら，題材を決定させるとよい。

| 本時の目標 | ・日本語の特徴について、自分の考えが伝わるように書き表し方を工夫するとともに、これまでの学習を振り返りながら、日本語の面白さを紹介する文章を書こうとする。 | 本時の評価 | ・日本語の特徴について、自分の考えが伝わるように書き表し方を工夫するとともに、これまでの学習を振り返りながら、日本語の面白さを紹介する文章を書こうとしている。 |

日本語の特徴

○○さんに日本語のおもしろさを伝える文章を書こう

○だれに…ALTの○○先生
○何を伝える…①日本語のおもしろさ
　　　　　　　②表現するときに気をつけることや使い方

◎書くときに気をつける
・自分の考えが相手に伝わるように書く
・事実と感想、意見を区別して書く
→文末表現に注意
・簡単な文、くわしい文を使い分ける

＊拡大したワークシート

＊p.307「伝え合うための言葉」

❸日本語の面白さをまとめる

ALTの先生に伝えるから、難しい言葉は使わずに、簡単な言葉でイラストを使ってまとめよう。

間違えやすい日本語の使い方については、詳しく書こう！

具体例をもとに、面白いと思ったところなどをワークシートにまとめる。

ワークシートの形式に沿ってまとめられるようにするが、児童の様子を観察して、困っている児童がいる場合は先生のお助けコーナーに集まらせたり、ペアで相談タイムを設けたりしてもよい。

❹友達と文章を読み合い交流する

この書き方は分かりやすいね。私も真似してみたいな。

文の組み立てや表記は、それぞれの国の言語によって違うんだね。

友達同士で書いた文章を読み合うことで、友達からよりよい構成や表現を学ぶことができる。

また、「これまでの学習を通して、どのようにしたら日本語の特徴が分かったか」と問うことで、学習の仕方についても振り返ることができるようにしたい。

書き表し方を工夫して，経験と考えを伝えよう

大切にしたい言葉

6時間

I 単元目標・評価

・語感や言葉の使い方に対する感覚を意識して，語や語句を使うことができる。（知識及び技能(1)オ）

・目的や意図に応じて簡単に書いたり詳しく書いたりするとともに，事実と感想，意見とを区別して書いたりするなど，自分の考えが伝わるように書き表し方を工夫することができる。（思考力，判断力，表現力等B(1)ウ）

・文章に対する感想や意見を伝え合い，自分の文章のよいところを見付けることができる。（思考力，判断力，表現力等B(1)カ）

・言葉がもつよさを認識するとともに，進んで読書をし，国語の大切さを自覚して，思いや考えを伝え合おうとする。（学びに向かう力，人間性等）

知識・技能	語感や言葉の使い方に対する感覚を意識して，語や語句を使っている。（(1)オ）
思考・判断・表現	「書くこと」において，目的や意図に応じて簡単に書いたり詳しく書いたりするとともに，事実と感想，意見とを区別して書いたりするなど，自分の考えが伝わるように書き表し方を工夫している。（B(1)ウ） 「書くこと」において，文章に対する感想や意見を伝え合い，自分の文章のよいところを見付けている。（B(1)カ）
主体的に学習に取り組む態度	内容の中心が明確になるよう，文章の構成の工夫を考え，学習の見通しをもって，調べたことを紹介する文章を書こうとしている。

2 単元のポイント

言語活動

　本単元では，「大切にしたい言葉を紹介しよう」という言語活動を中心に位置付けている。書こうとすることの中心を明確にし，目的や意図に応じて身近な事柄から題材を見付けていく。文章を構成する時に，読み手にも分かりやすい文章を書くことを意識させていきたい。

3 学習指導計画（全6時間）

次	時	目標	学習活動
一	1	・学習計画を立て，学習の必要感と見通しをもって取り組もうとする。	○大切にしたい言葉を紹介する学習計画を立てる。 ・自分にとって大切な言葉について交流する。 ・大切にしたい言葉を紹介するイメージをつかむ。 ・高橋さんの文章の工夫点について考える。 ・単元の学習計画を立てる。
二	2	・大切にしたい言葉を紹介するための題材を決め，必要な情報を収集することができる。	○大切にしたい言葉を紹介するための題材を決め，材料を集める。 ・大切にしたい言葉紹介で知りたいことを考える。 ・紹介したい言葉を考える。 ・紹介したい言葉の理由について考える。 ・図書室の本，インターネット等で調べる。
	3	・大切にしたい言葉を紹介する文章の構成をとらえることができる。	○大切にしたい言葉を紹介するための文章の構成について考える。 ・文章の組み立てメモの書き方を考える。 ・組み立てメモの役割を考える。 ・紹介する文章とその組み立てメモを書く。 ・組み立てメモを読み合って，交流する。
	4	・大切にしたい言葉を紹介する文章の下書きを書くことができる。	○大切にしたい言葉紹介の下書きを書く。 ・下書きの書き出しの書き方を考える。 ・組み立てメモをもとに下書きを記述する。 ・「選んだ言葉の説明」の段落の記述を交流する。 ・下書きを完成させる。
	5	・大切にしたい言葉を紹介する文章の下書きを推敲し，清書することができる。	○下書きを読み合って推敲し，清書する。 ・文章のよさや工夫点を考える。 ・文章のよさ・工夫点を交流する。 ・自分の下書きを推敲する。 ・下書きをもとに清書する。
三	6	・友達が書いた大切にしたい言葉紹介を読み合い，感想を書いて伝えることができる。	○大切にしたい言葉を紹介し合い，感想を交流する。 ・メッセージカードの感想の書き方を考える。 ・メッセージカードに感想を書く。 ・大切にしたい言葉を紹介し合い，感想を交流する。 ・成長を実感できる振り返りをする。

単元について　159

1 大切にしたい言葉

6時間
準備物：黒板掲示用資料

●**大切にしたい言葉紹介のイメージをつかむ**

　大切にしたい言葉紹介のバッドモデルとグッドモデルを比較することで，「選んだ言葉の説明」「経験と，そのときの思い」「その言葉で気づいたこと」「まとめ」などの観点を意識して文章を書いたらよいというような具体的なイメージをつかむことができます。また，そのイメージを学級全体で共有化を図っていきます。

●**学習計画を立てる**

　「材料を集める（題材の設定・情報の収集・内容の検討）」「文章の組み立てを考える（構成の検討）」「大切にしたい言葉紹介の原稿を書く（考えの形成・記述）」「下書きを見直す（推敲）」「読み合って感想を伝え合う（共有）」など，本単元の学習計画を立てることで，学習の見通しをもつことができます。

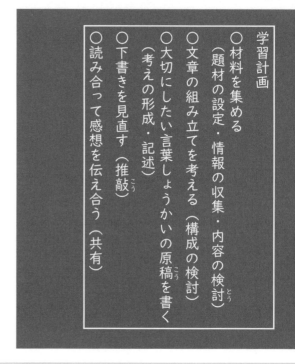

学習計画
○材料を集める（題材の設定・情報の収集・内容の検討）
○文章の組み立てを考える（構成の検討）
○大切にしたい言葉しょうかいの原稿を書く（考えの形成・記述）
○下書きを見直す（推敲）
○読み合って感想を伝え合う（共有）

❶**大切にしている言葉を交流する**

　みなさん自身が「大切にしている言葉」はありますか。

　私は，「石の上にも三年」かな。

　ぼくは，「失敗は成功のもと」だね。

　まず，「みなさん自身が大切にしている言葉はありますか」と問う。自分の「大切にしている言葉」を発表したいという意欲的な声が聞こえてきそうである。「私は，『石の上にも三年』かな。諦めずに続ければ，成果が得られることが多いからです」「『失敗は成功のもと』です。意味のない失敗はないからです」等の意見を学級全員で共有化を図り，今後の学習の導入とする。

❷**大切にしたい言葉紹介のイメージをつかむ①**

　みなさんがこれから書く文章は，大切にしたい言葉とその理由さえ書いてあればよいですね。

　それだと，低・中学年と変わらないよ。

　選んだ言葉に結び付く経験など，具体的なエピソードもあったほうがいいよ。

　中身が薄い典型的なモデル文を紹介し，何がよくないのかについて考えさせる。「選んだ言葉に結び付く経験など，具体的なエピソードもあったほうがいいよ」など，大切にしたい言葉紹介の文章をよりよくするための工夫について考えていくことが大切である。

本時の目標	・学習計画を立て，学習の必要感と見通しをもって取り組もうとする。	本時の評価	・学習計画を立て，学習の必要感と見通しをもって取り組もうとしている。

大切にしたい言葉

学習計画について考えよう

◇大切にしたい言葉しょうかいのモデルから

＊pp.224-225のモデル文

○序論
・選んだ言葉の説明

○本論
・経験と，そのときの思い
・その言葉で気づいたこと

○結論
・まとめ

---

❸ 大切にしたい言葉紹介のイメージをつかむ②

このモデルはどうですか。

選んだ言葉の経験や根拠が書かれているね。

大切にしたい言葉を踏まえ，今後，どのような人になりたいのかが書かれているね。

　教科書 pp.224-225のモデル文のよさについて考えさせる。「選んだ言葉の説明」「経験と，そのときの思い」「その言葉で気づいたこと」「まとめ」などの観点で紹介されていることから，モデルがよい理由について考えることができる。モデルのよさを考えることで，自分たちが「大切にしたい言葉紹介」を記述する時に生かすことができる。

❹ 単元の学習計画を立てる

どのように学習を進めていきますか。

いきなり言葉紹介を書くのは難しいから…。

まずは，書きたいことを集めることから始めようかな…。

書きたいことを決めなければいけないね！　次に，文章の構成を考えて…。

　学習計画を決める際，子どもたちの興味・関心も受け入れながら決めていくようにしたい。ただし，子どもの思考を大切にしつつも，「題材の設定・情報の収集・内容の検討」→「構成の検討」→「考えの形成・記述」→「推敲」→「共有」等の単元の流れを子どもたちと共有していく。

大切にしたい言葉

2／6時間　準備物：付箋

●読み手が知りたい情報を考える

　読み手が知りたい情報を考えることで、書き手としての「書きたいこと」「書いたらよいこと」が見えてきます。例えば、「大切にしたい言葉の理由を知りたいです」「なぜその言葉を大切にしたいと思ったのかについてのエピソードがあれば知りたいです」などという意見が出てきたら、学級の共有財産にし、自分たちが書く「大切にしたい言葉紹介」に生かしていこうという意識を高めていきます。

●大切にしたい言葉とその理由を考える

　「大切にしたい言葉とその理由を考えること」は、文章を書く時の中心となる事柄です。伝えたいことが明確になると、文章を「構成」しやすくなります。

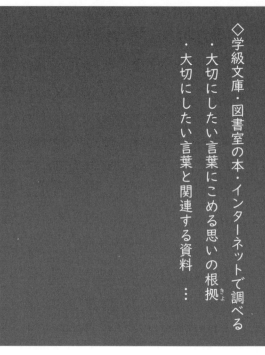

◇学級文庫・図書室の本・インターネットで調べる
・大切にしたい言葉にこめる思いの根拠
・大切にしたい言葉と関連する資料
…

❶大切にしたい言葉紹介で知りたいことを考える

❷大切にしたい言葉紹介で伝えることを考える

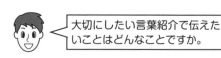

　大切にしたい言葉紹介を書く前に、「自分が大切にしたい言葉紹介の聞き手だったら、どのようなことを知りたいのか」を考えることで、自分が言葉紹介を書く時に生かせるようにする。例えば、「大切にしたい言葉と経験・エピソードとの関連を知りたいです」などの意見が出てきたら、板書に位置付け、学級全員で共有化していく。

　大切にしたい言葉紹介で伝えたいことはどんなことなのかを考えさせる。学習過程の「題材の設定」に取り組むために、付箋に自分の紹介したいことを記述する。その際、赤の付箋には、自分が一番紹介したいことを、青の付箋には、その他紹介したいことを記述する。

本時の目標	・大切にしたい言葉を紹介するための題材を決め、必要な情報を収集することができる。	本時の評価	・大切にしたい言葉を紹介するための題材を決め、必要な情報を収集している。

大切にしたい言葉

大切にしたい言葉しょうかいで書く内容の見通しをもち、書く内容を考えよう

- ◇聞き手として知りたいこと
  - どんな経験と結びついているのか
  - 何が大切にしたい言葉なのか
  - その言葉を大切に思っている理由
- 言葉とエピソードの関連

- ◇しょうかいしたいことをふせんに書く
- ・一番しょうかいしたいこと→赤のふせん
- ・その他しょうかいしたいこと→青のふせん

❸紹介したい言葉と理由について考える

なぜ、○○を紹介したいのですか。

私が紹介したい言葉には○○なエピソードがあり、△△な思いを込めているからです！

「なぜ、○○を紹介したいのですか」と紹介したい理由を問うことで、大切にしたい言葉紹介の文章を書く時の中心となる事柄について考えることができる。「私が紹介したい言葉には○○なエピソードがあり、△△な思いを込めているからです！」等の意見を取り上げ、考えつかない子どもの思考のヒントになるようにする。❹での自分の主張する根拠の論を厚くするための調べ活動にもつながる。

❹図書室の本等で調べる

学級文庫や図書室の本やインターネットで、どんなことを調べたいですか。

大切にしたい言葉に込める思いの根拠や、大切にしたい言葉と関連する資料を見て、自分の論を補強したいです。

「大切にしたい言葉に込める思いの根拠や、大切にしたい言葉と関連する資料を見て、自分の論を補強したいです」等の考えを価値付ける。また、思うように調べる活動が進まない子どもには、「例えば、○○という本のp.○を見るといいよ」「△△というサイトを見たらよいかもしれないね」等、アドバイスをすることも必要になってくるかもしれない。

大切にしたい言葉

3／6時間
準備物：なし

●組み立てメモの書き方を考える
　組み立てメモは，大切にしたい言葉紹介の骨格になるので，短く箇条書きで書くとよいことを押さえたいです。また，教科書pp.224-225のモデル文の「選んだ言葉の説明」「経験と，そのときの思い」「その言葉で気づいたこと」「まとめ」の観点に沿って，短く箇条書きで組み立てメモを記述していきます。自分の言葉紹介の組み立てメモにも生かすことができます。

●大切にしたい言葉紹介の組み立てメモを書く
　pp.224-225のモデル文を使って考えた構成メモの書き方を，自分の組み立てメモを書く場面で，いかに活用することができるのかという視点をもたせることができるとよいでしょう。

> **まとめ**
> 組み立てメモを並べることで、大切にしたい言葉しょうかいにつなげていくことができる

❶文章の組み立てメモの書き方を考える

「pp.224-225のモデル文を参考に，組み立てメモの書き方を考えてみましょう。」

「短く，箇条書きで書いたらいいよね！」

「前の時間までに学習した教科書のモデル文の構成が参考になるね！」

　「書くこと」領域の既習の学習経験をもとに組み立てメモの書き方を考える。pp.224-225のモデル文の「選んだ言葉の説明」「経験と，そのときの思い」「その言葉で気づいたこと」「まとめ」の観点を参考にする。大切にしたい言葉紹介の骨格になるので，短く箇条書きで書くということを押さえる。

❷組み立てメモの役割を考える

「自分が紹介したい文章の内容をそのまま組み立てメモに書けば大丈夫ですね。」

「それはだめだよ！」

「組み立てメモは，中心を絞って書くんだよ！」

　「自分が紹介したい文章の内容をそのまま組み立てメモに書けば大丈夫ですね」と投げかける。「それはだめだよ！　組み立てメモは，中心を絞って書くんだよ！」等の発言が見られる。組み立てメモは，文章全体の骨格になるという役割を意識させたい。そうすることで，活動の意味に納得したうえで，組み立てメモを記述することができるようになる。

本時の目標	・大切にしたい言葉を紹介する文章の構成をとらえることができる。	本時の評価	・大切にしたい言葉を紹介する文章の構成をとらえている。

大切にしたい言葉
組み立てメモの書き方について考えよう

◇ポイント
・短く書く
・箇条書きで書く

◇構成（基本形）
〇序論
・選んだ言葉の説明
〇本論
・経験と、そのときの思い
・その言葉で気づいたこと
〇結論
・まとめ

◇組み立てメモに…
・選んだ言葉についての説明
・関連する経験と、そのときの思い
・その言葉に出会ってどう思ったか
・その言葉の、自分にとっての意味
・今後の生活にいかしたいこと

---

❸大切にしたい言葉紹介の組み立てメモを書く

大切にしたい言葉紹介の組み立てメモを書いてみましょう。

短く、箇条書きで書くんだったよね！

モデルを生かすと書きやすいね！

　クラス全員で共有した組み立てメモの観点に沿って、短く箇条書きで組み立てメモを記述していく。手が止まってしまう場合には、進んでいる友達の組み立てメモを参考にしながら、自分が紹介したいことを記述していくとよい。お互いのよさを取り入れることができるような雰囲気をつくりながら、授業を進めていくとよい。

❹組み立てメモを読み合い、交流する

書いた組み立てメモを読み合って、交流しましょう。

短く箇条書きで書けていて、いいね！
これなら、大切にしたい言葉紹介を書けそうだね！

　お互いの組み立てメモのよさや改善点について交流する。友達のよさから、自分自身の組み立てメモを改善し、より精度の高いものにしていきたい。「早くみんなに紹介したいな！」「最初は書き方がよく分からなかったけど、きちんと書けたと思う」というような前向きな気持ちで下書きに向かわせていきたい。交流してよくなった記述を見付けて、価値付けていきたい。

第3時　165

4/6時間 大切にしたい言葉

準備物：なし

●下書きの書き出しの書き方を考える

　教科書のモデル文の書き出しの書き方を参考にさせます。教科書のモデル文の書き出しは「これは、体操選手の川野あゆみさんの言葉だ。」となっています。最初に、選んだ言葉の説明を端的に書くような書き出しにすると、主張が明確になりやすいということをとらえさせていきましょう。

●組み立てメモをもとに下書きを記述する

　「選んだ言葉の説明」「経験と、そのときの思い」「その言葉で気づいたこと」「まとめ」などの「構成」に着目させていきます。また、教科書のモデル文のよさを生かしたり、組み立てメモを参考にしたりして書いていきます。

◇下書きを完成させる

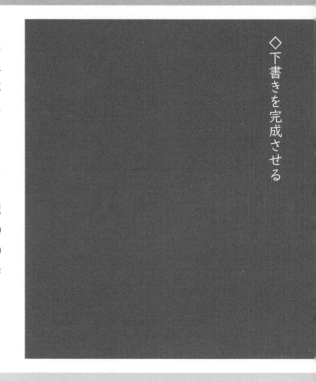

❶下書きの書き出しの書き方を考える

　最初の「書き出し」の書き方を考えましょう。教科書のモデル文は「これは、体操選手の川野あゆみさんの言葉だ。」ですね。

　選んだ言葉の説明を端的に書くような書き出しにすると、主張が明確になりやすいよね。

　組み立てメモはできているが、いざ文章を書き出す時になると、書き出しが難しい。何も指示を出さずに書く作業をさせると、手が止まってしまう子どもが出る可能性があるので、丁寧に、教科書のモデルの文章の書き出しの書き方を参考にさせる。主張が明確な書き出しの文章にするとよいということをとらえさせていきたい。

❷組み立てメモをもとに下書きを記述する

　組み立てメモを生かして、下書きを書いてみましょう。

　「選んだ言葉の説明」「経験と、そのときの思い」「その言葉で気づいたこと」「まとめ」などの「構成」を意識して書きたいね。

　書く分量にも気を付けよう！

　「選んだ言葉の説明」「経験と、そのときの思い」「その言葉で気づいたこと」「まとめ」などの「構成」に着目して書いていきたい。さらに、教科書のモデル文や組み立てメモを参考にし、自分の経験やエピソード、図書室の本やインターネットで調べて自分の論を補強したこと等を詳しく書いていくとよい。

| 本時の目標 | ・大切にしたい言葉を紹介する文章の下書きを書くことができる。 | 本時の評価 | ・大切にしたい言葉を紹介する文章の下書きを書いている。 |

大切にしたい言葉

下書きの書き方を考えよう

◇書き出しの書き方
　最初に、選んだ言葉の説明を端的に書くような書き出しにすると、主張が明確になりやすい。

◇組み立てメモを見て、下書きを書く

◇構成（基本形）
○序論
　・選んだ言葉の説明
○本論
　・経験と、そのときの思い
　・その言葉で気づいたこと
○結論
　・まとめ

※書く分量にも気をつける
（八〇〇字以内）

❸最初の段落を交流する

最初の「選んだ言葉の説明」の段落を読み合って、交流しましょう。

選んだ言葉の説明に共感できるな。

組み立てメモを参考にして記述した、最初の「選んだ言葉の説明」の段落の書き方を交流する。組み立てメモをもとに文章化していく作業がきちんとできているのかということを全体で確かめるために、一つの段落に限定して確認していく。最初の段落を、組み立てメモをもとに文章化することができれば、後の段落についてはスムーズに下書きが進んでいくはずである。

❹下書きを完成させる

最初の段落は、書けているようですね。下書きを完成させましょう。

大切にしたい言葉の説明の段落はバッチリだね。

次は、「経験と、そのときの思い」などだね。

「選んだ言葉の説明」「経験と、そのときの思い」「その言葉で気づいたこと」「まとめ」などの観点を生かして、下書きを完成させていく。また、「段落構成」「符号」の付け方等にも留意し、下書きを記述していく。❸の学習過程の交流をもとに改善した記述を見付けて、価値付けていきたい。手が止まってしまう子どもには、組み立てメモを一緒に見て、アドバイスをしながら取り組んでいくようにする。

第4時　167

大切にしたい言葉

5／6時間　準備物：なし

◇交流をいかして、よりよく「大切にしたい言葉しょうかい」を直してみよう
◇よいところ・直したところをいかして清書しよう

● 文章のよさや工夫点を考える

「選んだ言葉の説明」「経験と、そのときの思い」「その言葉で気づいたこと」「まとめ」などの「構成」、「分かりやすい表現」、「モデルを生かした表現」など単元を通して学習してきたことを、よさや工夫点としてとらえていけるとよいでしょう。また、一人一人がとらえたよさ・工夫点を交流し、推敲につなげていきましょう。

● 下書きを推敲する

大切にしたい言葉を紹介する文章をよりよくしたいという意識を高め、「事実や経験を分かりやすく書く」「思いが的確に伝わるように工夫する」等はもちろん、友達のよさや工夫点を自分の表現に取り入れて推敲できたらよいでしょう。また、「誤字脱字」「符号」等も確認していきましょう。

❶文章のよさや工夫点について考える

よりよい言葉紹介にするために、お互いに下書きを読み合ってみましょう。

大切にしたい言葉になった理由を分かりやすくまとめたんだね。

自分の経験と、そのときの思いを入れると、より分かりやすくなるね。

「選んだ言葉の説明」「経験と、そのときの思い」「その言葉で気づいたこと」「まとめ」などの「構成」という観点でよさを考える子どもがいるだろう。また、教科書のモデル文のよさを生かして記述していることに気付く子どももいるだろう。子どもたち一人一人の気付きを大切にしていきたい。

❷文章のよさ・工夫点を交流する

友達の大切にしたい言葉紹介の文章のよいところや工夫しているところ、改善点を交流しましょう。

理由やエピソードが詳しく書かれているね。

組み立てメモを生かして、理由やエピソードをまとめていて分かりやすいよ。

単元の後半なので、根本的に全部直さなければならないという場合は少ないだろう。主に、文章のねじれ、伝わりにくい表現等が、改善点の中心になるのではないかと考えられる。❶の学習過程で発見したよさや工夫点、例えば、「構成」「分かりやすい表現」などをたくさん見付けて、紹介する文章をさらによくするという意味でも、自分の表現に取り入れることができたらよい。

| 本時の目標 | ・大切にしたい言葉を紹介する文章の下書きを推敲し，清書することができる。 | 本時の評価 | ・大切にしたい言葉を紹介する文章の下書きを推敲し，清書している。 |

大切にしたい言葉

よいところ・工夫しているところ・直した方がよいところを交流しよう

◇よい点・工夫している点
○構成
・選んだ言葉についての説明
・関連する経験と、そのときの思い
・その言葉に出会ってどう思ったか
・その言葉の、自分にとっての意味
・今後の生活にいかしたいこと（まとめ）

○分かりやすい表現
・大切にしたい言葉になった理由
・だれの言葉で、どのように出会ったのか
・言葉への思いや自分の考え

◇直した方がよい点
・大切にしたい言葉になった理由やエピソードをもう少しくわしく書くとよい
・符号
・誤字脱字
・接続詞
・文章のつながり

❸自分の下書きを推敲する

交流したことをもとに，自分の下書きを見直して，推敲してみましょう。

大切にしたい言葉とその理由やエピソードの部分が分かりにくかったので，○○さんのアドバイスを生かして直してみよう。

「さっき，○○さんが言っていた△△をもう少し詳しく書いてみようかな」等の内容面に関すること，「確かに，○○さんが言うように順番を逆にしたほうがいいかもしれない」等の構成面に関することの大きく２点について推敲する。また，符号や誤字脱字，接続詞，文章のつながりについても同時に推敲する。友達の意見を取り入れながら推敲する姿を価値付けていきたい。

❹下書きをもとに清書する

推敲したことを生かして，清書しましょう。

ここに，読点が抜けていたから，しっかりと入れなければならないね。

さっき推敲したところに気を付けて清書しよう。

「早くみんなに紹介したいな！」「どんな感想をもらえるのか楽しみ！」「最初は書き方がよく分からなかったけど，けっこう上手に書けたと思う」というような前向きな気持ちで清書に向かわせていきたい。清書に今までの学習を生かすことができたという達成感・成就感を味わわせたい。推敲してよくなった記述を見付けて，価値付けていきたい。

6 / 6時間 大切にしたい言葉

準備物：メッセージカード

●感想の書き方を考える

「自分だったら，どんな感想を書いてもらえるとうれしいのか」「自分だったら，どんな感想を書いてもらえると，大切にしたい言葉紹介を書いてよかったと思えるのか」を手がかりに感想の書き方を考えていきます。例えば，「大切にしたい言葉紹介の文章のメッセージを受け取ったよ」ということを表現できるようにしたいです。

●感想を書き，交流し合う

感想の書き方を考えた時に，みんなで共通理解を図った観点を意識して感想を書くようにします。そうすることで，本単元の達成感・成就感を味わうことができます。

◇「大切にしたい言葉」の単元のふり返り
・大切にしたい言葉しょうかいを書いてよかった！
・大切にしたい言葉しょうかいは楽しい！
・大切にしたい言葉しょうかいの書き方が分かった
・気持ちを分かってもらえてうれしい

❶感想の書き方を考える

自分だったら，どんな感想を書いてもらえるとうれしいですか。
自分だったら，どんな感想を書いてもらえると，大切にしたい言葉紹介を書いてよかったと思えますか。

○○が分かりやすく，書いたことが読み手に伝わったよ，かなぁ。

導入で，自分がもらってうれしい感想の書き方に対する意識を高めたい。「自分だったら，どんな感想を書いてもらえるとうれしいかな？　大切にしたい言葉紹介を書いてよかったと思えるかな？」という視点で考えるとよい。「○○が分かりやすく，書いたことが読み手に伝わったよ」「メッセージがしっかり伝わってきたよ」ということを表現できるようにしたい。

❷メッセージカードに感想を書く

大切にしたい言葉紹介を読んだ感想をカードに書きましょう。

書きたいことがいっぱいあるよ！

どんな感想を書いてくれるのか楽しみだね！

例えば，❶で学習した「自分だったら，どんな感想を書いてもらえるとうれしいかな？　大切にしたい言葉紹介を書いてよかったと思えるかな？」という視点を意識できるようにする。手が止まってしまう児童には，❶で学習した発言などを想起させることで，メッセージカードの感想に取り組ませる。

本時の目標	・友達が書いた大切にしたい言葉紹介を読み合い、感想を書いて伝えることができる。	本時の評価	・友達が書いた大切にしたい言葉紹介を読み合い、感想を書いて伝えている。

大切にしたい言葉

メッセージカードを書いて、感想を交流しよう

○「自分だったら、どんな感想を書いてもらえるとうれしいかな?」
○「自分だったら、どんな感想を書いてもらえると、大切にしたい言葉しょうかいを書いてよかったと思えるかな?」

◇メッセージカードに感想を書く

「大切にしたい言葉しょうかいのメッセージを受け取ったよ!」

◇感想を交流する

「下書きを読んだときよりも、分かりやすくなっているよ」
「大切にしたい言葉になった理由やエピソードの部分が、くわしくて分かりやすいです」

❸ 感想を交流する

大切にしたい言葉紹介を読み合った感想を交流しましょう。

下書きを読んだ時よりも、分かりやすくなっているよ。

大切にしたい言葉になった理由やエピソードの部分が、詳しくて分かりやすいです。

「下書きを読んだ時よりも、分かりやすいね」など、前と比べてよりよくなったということや、「大切にしたい言葉になった理由やエピソードの部分が、詳しくて分かりやすいよ」と、内容面が充実していることなど、今までの学習を生かすことができたという達成感・成就感を味わわせたい。振り返りの場面では、教師からの価値付けはもちろん子ども同士でよさや工夫点を語り合えるとよい。

❹ 成長を実感できる振り返りをする

大切にしたい言葉紹介を書く学習をしてみて、どうでしたか。

最初は、書き方が分からなかったけど、モデルを見たり、みんなで話し合ったりして、大切にしたい言葉紹介の書き方が分かった。

感想に、○○さんが、分かりやすい表現だったと書いてくれてうれしかった。

「最初は、書き方が分からなかったけど、モデルを見たり、みんなで話し合ったりして、大切にしたい言葉紹介の書き方が分かった」という内容面の振り返りや、「感想に、○○さんが、分かりやすい表現だったと書いてくれてうれしかった」という意欲面の振り返りが出されるとよい。また、清書で今までの学習を生かすことができたという達成感・成就感を味わわせたい。

第6時　171

資料を使って，みりょく的なスピーチをしよう

今，私は，ぼくは

6時間

1 単元目標・評価

・文の中での語句の係り方や語順，文と文との接続の関係，話や文章の構成や展開，話や文章の種類とその特徴について理解することができる。(知識及び技能(1)カ)

・資料を活用するなどして，自分の考えが伝わるように表現を工夫することができる。(思考力，判断力，表現力等 A(1)ウ)

・話の内容が明確になるように，事実と感想，意見とを区別するなど，話の構成を考えることができる。(思考力，判断力，表現力等 A(1)イ)

・言葉がもつよさを認識するとともに，進んで読書をし，国語の大切さを自覚して，思いや考えを伝え合おうとする。(学びに向かう力，人間性等)

知識・技能	文の中での語句の係り方や語順，文と文との接続の関係，話や文章の構成や展開，話や文章の種類とその特徴について理解している。((1)カ)
思考・判断・表現	「話すこと・聞くこと」において，資料を活用するなどして，自分の考えが伝わるように表現を工夫している。(A(1)ウ) 「話すこと・聞くこと」において，話の内容が明確になるように，事実と感想，意見とを区別するなど，話の構成を考えている。(A(1)イ)
主体的に学習に取り組む態度	小学校生活を振り返りながら自分の思いを資料を用いて効果的にスピーチしたり，友達のスピーチを聞いたりし，感じたことや考えたことを伝え合おうとしている。

2 単元のポイント

この単元で知っておきたいこと

　卒業を目の前に，子どもたちは不安と期待の中にいる。中学校進学という人生の岐路を感じ，これからの自分，これまでの自分を立ち止まって考える機会である。この節目において自分を見つめることの大切さをこの活動の原動力としていきたい。

教材の特徴

　スピーチ内容の構成は教科書を参考にしながらも，効果的に伝えるという視点で結論を最初に示すという方法もある。その際，これまでに学習した「頭括型・尾括型・双括型」を確認させる。それぞれの内容に合う構成を選択させることで工夫の幅が広がっていく。

172　今，私は，ぼくは

3 学習指導計画（全6時間）

次	時	目標	学習活動
一	1	・教科書の内容を確認しながら，学習活動について理解し，見通しをもつことができる。	○学習活動の内容を理解し，スピーチの話題について考えを深める。 ・教師の範読を聞く。 ・活動の流れについて確認する。 ・スピーチの話題について考えを広げたり，深めたりする。
二	2	・スピーチの内容が効果的に伝わるように構成を考えることができる。 ・効果的に伝わるように語句の使い方を考えながらスピーチメモを作ることができる。	○スピーチの話題を決め，構成を考えながらスピーチメモを作る。 ・スピーチの話題を決める。 ・構成について確認する。 ・構成を考えながらスピーチメモを作る。
	3	・資料を活用するなどして，自分の考えが伝わるように表現を工夫することができる。	○スピーチに必要な資料を準備する。 ・スピーチメモを見ながら重要な情報を選ぶ。 ・聞き手にとって理解しやすい資料の下書きを書く。 ・効果的に伝わるように提示資料を作る。
	4	・文の中での語句の係り方や語順，文と文との接続の関係，話や文章の構成や展開に気を付けて自分のスピーチを改善することができる。	○言葉や文の構成に気を付けながら，スピーチメモと資料の確認と改善をする。 ・話し方や資料の見せ方を確認する。 ・スピーチの練習をする。 ・練習後にスピーチの改善をする。
	5	・資料を用いて効果的にスピーチしたり，友達のスピーチを聞いたりすることができる。	○資料を用いて効果的にスピーチしたり，友達のスピーチを聞いたりする。 ・友達のスピーチのよかった点をメモする。
三	6	・自分や友達のスピーチについて振り返り，感じたことや考えたことを伝え合うことができる。	○自分や友達のスピーチについて交流し，活動を振り返る。 ・よかった点について互いに伝え合う。

非言語メッセージも大切に

　「話すこと・聞くこと」の最後の単元です。「話すこと・聞くこと」の学習は相手が目前にいる場合が多いです。自分と相手とライブのやり取りがなされていきます。そこで大事なのが間です。恥ずかしさが先行して速く話してしまうことがあります。そんな時には，「一つ一つの言葉を味わいながら口から出してごらん」と言うのが効果的です。聞き手が受け止められる速さ，そして適度な間を意識させます。

　また，言葉の力にパワーを与えてくれるのは表情やジェスチャーです。言葉を吟味させたうえでこれらのもつメッセージ性をもう一度確認して，伝えさせます。

今，私は，ぼくは

1/6時間　準備物：なし

● 今このスピーチをすることの意義を伝える

　国語科としては資料を用いた効果的なスピーチの手法を互いに学ぶことが目標となりますが，本単元の目標を達成させる原動力は子どもたちの学習に対する思いです。この時期に自分と向き合う機会とすることで，次の一歩の糧とさせます。思いを自分の外に出すことで，思いや願いが実現に踏み出す一歩になっていくことを伝えます。

● 頭の中のことをウェビングマップで視覚的に

　「今考えていること」や「今大切にしていること」という言葉だけで考えていくと詰まってしまいます。「今の自分」と「これからの自分」を中心にして，それぞれのウェビングマップ（マインドマップ）を書き，頭の中のことを視覚的に表出させます。これにより，自分の思考をはっきりさせたり，広げさせたりすることができます。

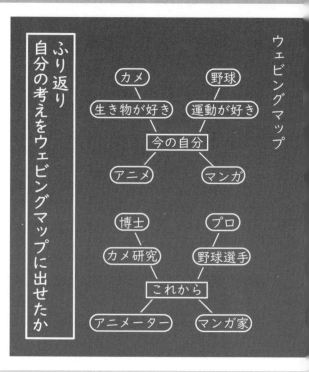

ウェビングマップ

ふり返り　自分の考えをウェビングマップに出せたか

❶ 教科書を読んで内容を確認する

どのような学習をしていくか確認します。先生がどこを読んでいるか，目や指を使って文字を捕まえながら聞いてください。

　どのような学習なのか教師が範読してとらえさせる。「先生がどこを読んでいるか，目や指を使って文字を捕まえながら聞いてください」と指示する。児童に読ませる場合にも同様のことを指示して，集中させる。
　聞きながら，漢字の読み方についても確認させていく。

❷ 活動の目的を理解する

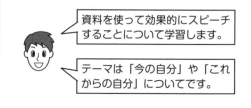

資料を使って効果的にスピーチすることについて学習します。

テーマは「今の自分」や「これからの自分」についてです。

　この学習では「資料を使って効果的にスピーチすることについて学ぶ」ことを確認する。テーマは「今の自分」や「これからの自分」についてであることを示す。なぜこの時期にこのテーマなのかについて，卒業を前にした今，自分を見つめることがこれからの自分にとって大事な機会であることを話す。

| 本時の目標 | ・教科書の内容を確認しながら、学習活動について理解し、見通しをもつことができる。 | 本時の評価 | ・教科書の内容を確認しながら、学習活動について理解し、見通しをもっている。 |

今、私は、ぼくは

活動の内容を理解し、スピーチの話題について考えを深めよう

活動の流れ
① 教科書の内容を確認する
② 活動の目的について
③ 自分の考えをウェビングマップに表す

活動の目的…資料を使った効果的なスピーチのしかたを学ぶ

資料　・スライド
　　　・写真やイラスト、図、グラフなど
　　　↓より効果的に伝わる

スピーチのテーマ…「今の自分」や「これからの自分」
←卒業を前に自分を見つめることで、次に進むためのステップとなる

❸ウェビングマップを書く

「今の自分」について思い浮かぶことを言葉でつなげていきます。

今ハマってるものは…。
得意なことは…。

❹書きぶりを交流する

どのくらい書けた？　けっこう書けたよ。

　まずは、「今の自分」についてウェビングマップに書かせていく。書き終わったら、「これからの自分」について書かせていく。自分の好きなもの、将来就きたい職業、将来やりたいこと等を書かせていく。「今の自分」で書いたことと対応させながら「これからの自分」を書かせると未来の姿がはっきりとする。

　人それぞれ違っていいことをまず伝える。
　書いている内容はそれぞれ違っていて構わない。書かれている内容ではなく、ウェビングマップの書きぶりについてペア等で確認させる。
　ウェビングマップに関する「こんな感じで大丈夫かな」という不安を、交流を通して解きほぐしたい。

今，私は，ぼくは

準備物：付箋

●効果的なスピーチの内容構成を考える

　スピーチの内容構成の大枠として，「初め→中→終わり」とします。基本的な話の流れとしては，教科書のように「考えていること→きっかけ→感じたこと→伝えたい思い」があります。これを基本としながらも，内容によっては「考えていること」や「伝えたい思い」をより強く示したいこともあります。どのような構成にしたら聞き手の心により残るかということを考えさせ，児童の工夫を引き出したいです。

　例えば，これまで学習してきた論の展開方法として，「頭括型」「尾括型」「双括型」を確認させて構成を選ばせます。

　分かりやすさやインパクトの強さでは最初に強い思いを示すのが効果的です。相手を話に引き込むということも，「話すこと・聞くこと」の活動においては必要なテクニックです。

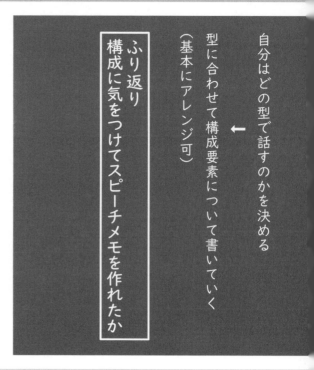

自分はどの型で話すのかを決める
　↓
型に合わせて構成要素について書いていく（基本にアレンジ可）
　↓
構成に気をつけてスピーチメモを作れたか　ふり返り

❶伝えたいことを決める

ウェビングマップを見て，どれについて伝えるか決めます。

どれにしようかな…。思いが一番強いから，これにしよう！

　前時に作ったウェビングマップから伝えたいことを決めさせる。
　伝えたいことが複数あり決めかねている子がいたら，最も思いが強いものにさせる。

❷スピーチの構成要素を確認する

基本的なスピーチの構成要素は，
・考えていること
・きっかけ
・感じたこと
・伝えたい思い
です。

　基本的なスピーチの構成要素として，教科書に示されている四つを紹介する。
　あくまでも基本なので，自分が伝える内容によってはアレンジも可としたほうが工夫の幅が広がるとともに，型に無理矢理はめようとする苦しさもなくなる。

本時の目標	・スピーチの内容が効果的に伝わるように構成を考えることができる。 ・効果的に伝わるように語句の使い方を考えながらスピーチメモを作ることができる。	本時の評価	・スピーチの内容が効果的に伝わるように構成を考えている。 ・効果的に伝わるように語句の使い方を考えながらスピーチメモを作っている。

今、私は、ぼくは

スピーチの話題を決め、構成を考えながらスピーチメモを作ろう

活動の流れ
① ウェビングマップをもとに伝えたいことを決める
② 構成を考える
③ スピーチメモを作る

スピーチの構成要素
・考えていること
・きっかけ
・感じたこと
・伝えたい思い

論の進め方
・頭括型
・尾括型
・双括型

▶ ❸論の展開を考える

自分の伝えたいことはどの型だといいのか、スピーチを想像して展開を決めましょう。

尾括型でいこうかな？…思いを強く出したいから双括型もいいな…。

　これまで学習してきたことを活用するために、論の展開方法について確認する。
　「頭括型・尾括型・双括型」のどれにするのかを実際のスピーチをイメージして決めさせる。児童の個々の思いに耳を傾けながら、その子に合った方法を提案するとよい。

▶ ❹スピーチメモを作る

私は頭括型でいくわ。まず「伝えたい思い」を熱く語り、それからどうしてそう思うのかを説明していこう。

　決めた論の展開方法に沿って、四つのスピーチの構成要素について書かせていく。
　論の展開で悩んでいる子には、先に四つの構成要素について、それぞれを付箋に書かせる。その後教師と相談しながら型を決め、付箋の順番を入れ替えるとよい。

第2時　177

3/6時間 今，私は，ぼくは

準備物：スピーチメモ，名刺カード

●資料を使った効果的なスピーチを行うために

　スピーチでは自分の思いや考えを短時間で伝えなければなりません。聞き手は聞きながら，話し手が伝えようとしていることをイメージして意図を共有しようと努めます。しかし，これだけでは伝わらなかったり，話し手が伝えていることと聞き手が受け取ってイメージしたことに違いが出たりします。そこで，イメージを実体とさせるために資料が用いられます。スピーチの時間によりますが，資料の数は3～5枚がよいでしょう。効果的な資料とするためのポイントを示します。

①資料で示す情報を絞る
②効果的な資料の種類を選ぶ
　　・図やイラスト　・表やグラフ
　　・キーワード　　・写真や動画
　　（著作権についても指導しましょう）
③資料を出すタイミング

> ②スピーチメモを見ながら、必要な資料を考える
> 　○伝えたいことのポイント部分
> 　○話だけでは伝わりにくいこと
> 　　　　　　　　　←名刺カードに下書きしていく
>
> ふり返り　効果的なスピーチになるように必要な資料を作ることができたか

❶資料について確認する

資料を作る時のポイントを確認します。

資料づくりの基本的なことは分かったぞ。次はどんなところを資料にするかだな。

資料についてのポイントを確認する。
・資料で示す情報を絞る
・効果的な資料の種類を選ぶ
・資料を出すタイミング
・枚数は3～5枚くらい
・資料1枚の情報量が多くならないようにする
　上記は，あくまで基本の型であり，子どもの実態に応じてアレンジするとよい。

❷スピーチメモを見ながら資料を考える

スピーチメモを見ながら必要な資料を考えます。資料にするとよいところはどこですか。

・伝えたいことのポイント部分
・話だけでは伝わりにくいこと

自分だったら，この辺になりそうだな。

まず，資料にするとよいところを考える。
　大事なことや話だけでは伝わりにくいことを資料にさせる。次に，スピーチメモに資料で伝えることについてメモさせていく。メモは資料を提示するタイミングのところに書かせる。自分のスピーチメモを見ながら，どの部分でどのような資料を提示するかとらえさせる。

本時の目標	・資料を活用するなどして，自分の考えが伝わるように表現を工夫することができる。	本時の評価	・資料を活用するなどして，自分の考えが伝わるように表現を工夫している。

今、私は、ぼくは

効果的なスピーチになるように必要な資料を準備しよう

活動の流れ
① 資料の準備について確認
② スピーチメモを見ながら必要な資料を考える
③ 資料を作る

① 資料の準備について
○ 資料で示す情報をしぼる
○ 効果的な資料の種類を選ぶ
 ・図やイラスト　・表やグラフ
 ・キーワード　・写真や動画
 （著作権に注意）
○ 資料を出すタイミング
○ 枚数は三～五枚くらい
○ 資料一枚の情報量が多くならないようにする

---

❸ 名刺カードに資料の下書きを書く

名刺サイズのカードに，資料の下書きをしていきます。書ききれないという人は情報量が多いかもしれません。聞いている人は短い時間で見て理解していますから，情報を絞りましょう。

ちょっと多かったかな。大事な言葉を選んで書こう。

あえて名刺サイズのカードに下書きをさせるのは，スライド１枚当たりの情報を絞るためである。情報が多くなるとスライドの文字が小さくなったり，伝えたいことが多くなったりし，資料が分かりにくくなる原因となる。言葉を精選させることが大事である。画像や動画を入れる予定のところは「～の画像」「～の動画」とメモさせる。

❹ 資料を作成する

資料の下書きをもとに資料を作っていくわ。画像や動画も入れる予定なので，著作権に気を付けないと。

文字の大きさや配色も大事だね。伝えたいことを分かりやすく作っていこう。

児童の実態や希望に応じて，資料の作成はPCか手書きかを指示する。作成のしやすさや加工のしやすさを考えるとPCを推奨する。資料１枚の情報量は多くしないので，作成に時間がかかりすぎないように気を付ける。聞き手が分かりやすいように表現方法を工夫する点は大事にさせる。

今，私は，ぼくは

4/6時間

準備物：スピーチメモ，スピーチ用の資料

● スピーチメモと資料の確認

　前時に作成した資料がスピーチの流れと合っているかを確認させます。そのためにリハーサルを個々に行います。リハーサルを行いながら，スピーチメモの加除訂正をしたり，資料の内容を変更したりさせます。

● 語句や文の接続，話の展開の確認

　可能であれば，リハーサルを動画で撮影して確認できるのが望ましいです。自分のスピーチを見て以下のようなことを改善させます。接続語の種類と使い方を確認させることが大切です。
①分かりやすい言葉を使っているか
　（難しい語句は説明が必要）
②文と文がつながっているか
③論の展開がつながっているか
　②と③は接続語の使い方がポイントとなります。

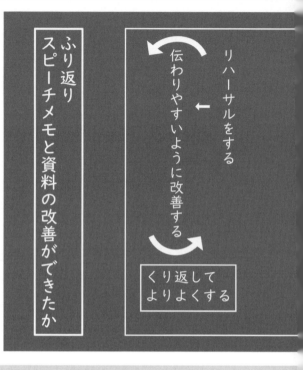

ふり返り　スピーチメモと資料の改善ができたか

リハーサルをする → 伝わりやすいように改善する → くり返してよりよくする

❶活動の内容を確認する

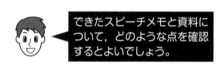

できたスピーチメモと資料について，どのような点を確認するとよいでしょう。

①分かりやすい言葉を使っているか
②文と文がつながっているか
③論の展開がつながっているか

❷ペア等でリハーサルを行う

じゃあ，ぼくが先にやるね。改善したらいいポイントを後で教えてね。

分かった。メモしながら聞いてるね。

　スピーチメモと資料ができたので，それを合わせる活動となる。合わせてみた時にどのような点について確認すればよいかを児童と共に考える。
　相手に伝える場合において，次の言葉についての感覚を高めさせたい。
①分かりやすい言葉を使っているか
②文と文がつながっているか
③論の展開がつながっているか

　自分で確認したり，ペアで確認したりさせる。自分で確認する場合にはPC端末で録画させる。動画撮影をして確認させる際には，自分だけでなくペアで活動させる。それは，自分では気付きにくいところがあるためである。リハーサルでは，聞き手が受け止められる速さ，そして適度な間を意識させる。

本時の目標	・文の中での語句の係り方や語順，文と文との接続の関係，話や文章の構成や展開に気を付けて自分のスピーチを改善することができる。	本時の評価	・文の中での語句の係り方や語順，文と文との接続の関係，話や文章の構成や展開に気を付けて自分のスピーチを改善している。

今、私は、ぼくは

言葉や文の構成に気をつけながら、スピーチメモと資料の確認と改善をしよう

活動の流れ
① 確認することについて
② スピーチメモと資料の確認の流れ

① 確認すること
・スピーチメモと資料の内容が合っているか
・資料を示すタイミング
・聞き手が分かりやすいか
　↓
　分かりやすい言葉を使っているか
　難しい語句は説明が必要
　文と文がつながっているか
　論の展開がつながっているか
　↓
　接続語の使い方が合っているか

② スピーチメモと資料の確認の流れ

---

❸ スピーチメモと資料を改善する

より思いが伝わるように，スピーチメモと資料を改善しましょう。

さっき友達に聞いてもらった時のアドバイスから、ここの説明を分かりやすくしよう。

よりよいスピーチとするために改善を図る。スピーチメモと資料を確認しながら、「言葉の力にパワーを与えてくれるのは表情やジェスチャーだよ」とアドバイスをしていく。どうしても速くなってしまう場合は、「一つ一つの言葉を味わいながら口から出してごらん」と言うのも効果的である。

❹ スピーチを完成させる

友達に聞いてもらったり、動画で確認したりして、分かりやすくなったわ。これで私のスピーチは完成！

児童が何度も内容や言葉を吟味してきたことを大いにほめてあげたい。できあがったものに自信をもたせ、次時が発表であることを確認する。

第4時　181

5/6時間 今, 私は, ぼくは

準備物：スピーチメモ, スピーチ用の資料, 観点表

● それぞれのスピーチのよさを認めながら

　自分の思いを十分に出すことができるようにさせるためには, それぞれの思いは違っていること, そして, 思いを受け止めながら聞くことを指導します。程よい緊張感がありつつ, 和やかな空気となるようにします。

● 友達のスピーチのよさをとらえる観点を確認

【話していることについて】
①分かりやすかったか　②話がつながっているか
③構成が効果的だったか
【資料について】
④効果的な資料だったか
⑤資料を出すタイミング
【話し方について】
⑥表情やジェスチャーは効果的だったか
　観点表を作り「○」で簡単にチェックさせます。

> ふり返り
> 資料を用いて効果的にスピーチしたり, 友達のスピーチを聞いたりできたか
>
> 【話し方について】
> ⑥表情やジェスチャーは効果的だったか

❶ 活動の留意点を確認する

気持ちよくスピーチをするためにはどうしたらよいでしょう。

思いを受け止めながら聞く。うなずきながら聞くとよい。

それぞれの思いは違うからね。

　子どもは自分の思いを伝えることには恥じらいがある。一生懸命に伝えている話し手に対して, 聞き手も一生懸命に思いを受け止めるということを確認する。ここでの雰囲気づくりがこの活動において大事なポイントである。

❷ 聞く時の観点を確認する

スピーチのよかったところを観点に沿ってチェックしましょう。
【話していることについて】
【資料について】
【話し方について】

【話していることについて】
①分かりやすかったか　②話がつながっているか
③構成が効果的だったか
【資料について】
④効果的な資料だったか
⑤資料を出すタイミング
【話し方について】
⑥表情やジェスチャーは効果的だったか

| 本時の目標 | ・資料を用いて効果的にスピーチしたり，友達のスピーチを聞いたりすることができる。 | 本時の評価 | ・資料を用いて効果的にスピーチしたり，友達のスピーチを聞いたりしている。 |

今、私は、ぼくは

資料を用いて効果的にスピーチしたり、友達のスピーチを聞いたりしよう

活動の流れ
① スピーチを聞くときについて確認
② スピーチをする

気持ちよいスピーチにするために
・それぞれの思いはちがっている
・思いを受け止めながら聞く

「今、私は、ぼくは」スピーチ

聞くときの観点
【話していることについて】
① 分かりやすかったか
② 話がつながっているか
③ 構成が効果的だったか
【資料について】
④ 効果的な資料だったか
⑤ 資料を出すタイミング

---

❸ スピーチを行う

まず、この写真を見てください。
これは、○○の様子です。
私の将来やりたい仕事は、～です。

一人一人スピーチを行っていく。
　始まりと終わりの拍手は盛大にして，盛り上げていく。スピーチが終わったら，その児童の思いを受け止めた一言を伝えてあげる。

❹ スピーチ後に観点に沿って記入する

そういうことを考えているんだぁ。
【話していることについて】
【資料について】
【話し方について】
の観点でチェックするぞ。

観点表を用意しておく。
　それぞれの項目について「〇」を付けるなどさせる。チェックした結果については，次時に互いに伝え合うことを伝えておく。

第5時　183

今，私は，ぼくは

6／6時間

準備物：スピーチメモ，スピーチ用の資料，観点表

●互いにスピーチのよかった点を伝え合う

　前時で行ったスピーチについて交流をします。スピーチを聞いてチェックをした観点表を確認しながら感想を伝え合います。（観点については，前時の「授業のポイント」を参照してください。）①〜⑥までの観点でよかった点です。観点でよかった点について「○」を付けさせることで肯定的な評価になるようにさせます。

●自らの活動を振り返る

　自己評価をさせた後，友達からの評価を確認させます。友達の評価と自分の評価を比べることを通して，活動を振り返らせます。

> ふり返り
> 自分や友達のスピーチについてふり返ることができたか
>
> ③友達の評価と自分の評価を比べながら、活動をふり返る

❶自分のスピーチを振り返る

「みんなスピーチをがんばりました。友達のスピーチと同じように自分のスピーチについてもチェックしましょう。」

「友達のスピーチのチェックと同じようにやるんだね。」

　まず，前時のスピーチでがんばったことを大いにほめる。そして，自分のスピーチについて，友達のスピーチのチェックと同じように評価させる。

❷友達のスピーチの評価を伝え合う

「グループで互いのスピーチの評価について伝え合います。「○」が付いたところや，ほかによかったところについて話してください。」

　グループで互いのスピーチのよかった点について伝え合わせる。時間を設定し，グループで伝え合う活動が終わったら，ほかのグループの人とも交流させる。

| 本時の目標 | ・自分や友達のスピーチについて振り返り，感じたことや考えたことを伝え合うことができる。 | 本時の評価 | ・自分や友達のスピーチについて振り返り，感じたことや考えたことを伝え合っている。 |

今、私は、ぼくは

自分や友達のスピーチについてふり返り、感じたことや考えたことを伝え合おう

活動の流れ
① 自分のスピーチをふり返る
② 友達のスピーチの評価を伝え合う
③ 活動をふり返る

スピーチの観点
【話していることについて】
① 分かりやすかったか
② 話がつながっているか
③ 構成が効果的だったか
【資料について】
④ 効果的な資料だったか
⑤ 資料を出すタイミング
【話し方について】
⑥ 表情やジェスチャーは効果的だったか

① この観点で自分のスピーチを評価する → ② グループでたがいのスピーチについて伝え合う →

❸ 友達の評価と自分の評価を比べる

友達の評価を聞きましたね。友達の評価と自分の評価を比べてどうでしたか。

資料は少し自信がなかった点だったけど，みんなの評価はよかったわ。

友達の評価と自己評価を比較させる。客観的な視点と主観的な視点での評価を統合させていく。自分のよさについて多く気付かせてあげる。

❹ 活動を振り返る

資料を使って効果的にスピーチをする学習でした。この学習で分かったことやできるようになったことを書いてください。

資料では情報を絞ったほうがいいことが，実際にやってみて分かったわ。

この単元の学習を通して，分かったことやできるようになったことをノートに書き，発表させることで振り返らせる。資料を使って伝えることはこれから先も大切なことであることを話す。

登場人物の生き方について，考えたことを話し合おう

海の命

6時間

1 単元目標・評価

・語句と語句との関係，語感や言葉の使い方に対する感覚を意識して，語や語句を使うことができる。（知識及び技能(1)オ）

・人物像や物語などの全体像を具体的に想像したり，表現の効果を考えたりすることができる。（思考力，判断力，表現力等C(1)エ）

・文章を読んで理解したことに基づいて，自分の考えをまとめることができる。（思考力，判断力，表現力等C(1)オ）

・文章を読んでまとめた意見や感想を共有し，自分の考えを広げることができる。（思考力，判断力，表現力等C(1)カ）

・言葉がもつよさを認識するとともに，進んで読書をし，国語の大切さを自覚して，思いや考えを伝え合おうとする。（学びに向かう力，人間性等）

知識・技能	語句と語句との関係，語感や言葉の使い方に対する感覚を意識して，語や語句を使っている。（(1)オ）
思考・判断・表現	「読むこと」において，人物像や物語などの全体像を具体的に想像したり，表現の効果を考えたりしている。（C(1)エ） 「読むこと」において，文章を読んで理解したことに基づいて，自分の考えをまとめている。（C(1)オ） 「読むこと」において，文章を読んでまとめた意見や感想を共有し，自分の考えを広げている。（C(1)カ）
主体的に学習に取り組む態度	登場人物の関係等に着目して自分の考えを広げることに進んで取り組み，学習課題に沿って互いの意見を交流しようとしている。

2 単元のポイント

この単元で知っておきたいこと

　本単元は，小学校で学習する文学的文章の最後の扱いとなっている。主体的に学習に取り組む態度の目標は，「登場人物の関係等に着目して自分の考えを広げることに進んで取り組み，学習課題に沿って互いの意見を交流しようとしている。」となっている。これまではぐくんできた読み取りの技術を生かして，主体的に自分の考えを示させていきたい。そのために，自分の考えを広げることができるような学習課題を設定し，互いの意見を交流したくなるような学習の場を設けることを心がけていきたい。

186　海の命

3 学習指導計画（全6時間）

次	時	目標	学習活動
一	1	・人物像や物語などの全体像を具体的に想像し，進んで読もうとする。	○作品の全体像をつかむ。 ・教師の範読を聞き，物語の大まかな流れをとらえる。 ・物語の設定（時・場所・人物）をとらえる。 ・山場の場面の出来事を確認する。 ・現段階での人物関係図をまとめる。
二	2	・太一の父への思いを読み取り，父の人物像についてとらえることができる。	○「アンチ海の命マン」の学習課題に取り組み，論破を目指す。 ・第1場面を音読し，「アンチ海の命マン」の説明を聞く。 ・学習課題「太一の父は欲が深かったのではないか」に個人で取り組む。 ・グループで意見をまとめ，全体で話し合う。
	3	・与吉じいさの漁の仕方や考え方を読み取り，与吉じいさの人物像についてとらえることができる。	○「アンチ海の命マン」の学習課題に取り組み，論破を目指す。 ・第2，3場面を音読する。 ・学習課題「太一はもぐり漁師になりたいのに師匠を間違えたのではないか」に個人で取り組む。 ・グループで意見をまとめ，全体で話し合う。
	4	・クライマックス場面の太一の心情を読み取り，太一の変容についてとらえることができる。	○「アンチ海の命マン」の学習課題に取り組み，論破を目指す。 ・第4，5場面を音読する。 ・学習課題「太一はもりを打つ勇気をなくしたのではないか」に個人で取り組む。 ・グループで意見をまとめ，全体で話し合う。
	5	・後日譚を読み取り，変容した後の太一の生活の様子についてとらえることができる。	○「アンチ海の命マン」の学習課題に取り組み，論破を目指す。 ・第6場面を音読する。 ・学習課題「太一は瀬の主のことを話してもよかったのではないか」に個人で取り組む。 ・グループで意見をまとめ，全体で話し合う。
三	6	・文章を読んでまとめた意見や感想を共有し，登場人物に仮定の手紙を書くことを通して，自分の考えを広げることができる。	○「もりを打たなかったことを1人だけに伝えるとしたら…」を設定して手紙を書く。 ・活動内容について共通理解を図る。 ・どの登場人物に伝えるのかを考える。 ・手紙の文面を書く。 ・書いた手紙を紹介し合う。

単元について　187

1/6時間 海の命

準備物：なし

●物語の全体像をとらえる

　長大な物語ですが，かけられる時数は多くありません。よって，第1時の役割はとても大切なものになります。1時間でどこまで物語の全体像をとらえられるかが授業のポイントになります。それを踏まえ，物語の設定をとらえること，山場の内容について確認すること，現段階での人物関係図を書き出すことを学習活動に設定しました。今後，第1時の学習内容をもとにして，第2時以降で詳細の読みに入っていきます。そのためのプロローグであり，進んで読んでいきたいという思いをもたせることが大切です。

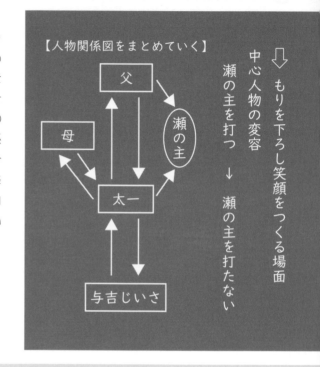

❶教師の範読を聞く

　教師の範読を聞く。各自の黙読でもよいが，読み終えるのに個人差がでるため，共通の機会にする。ただ聞くのではなく，この後に「時」「場所」「人物」について考えるので，ヒントになりそうな箇所に印をつけながら聞き進めるように伝える。また，範読の前に，小学校で学習する最後の物語であることを伝える。

❷物語の設定をとらえる

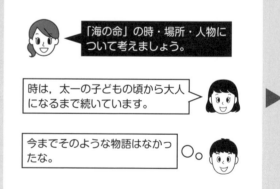

　「海の命」の時・場所・人物等の物語の設定について確認する。「時」に関しては，中心人物の太一が子どもの頃から村一番の漁師であり続けるまでの長い期間が描かれている「成長物語」であることを押さえる。「場所」に関しては，海のそばの村であるが，冒頭の「海に住む」という表現についてどのような印象を受けるかを問うようにする。「人物」に関しては，「瀬の主」が登場人物に入るのかどうかについて確認をする。

本時の目標	・人物像や物語などの全体像を具体的に想像し、進んで読もうとする。	本時の評価	・人物像や物語などの全体像を具体的に想像し、進んで読もうとしている。

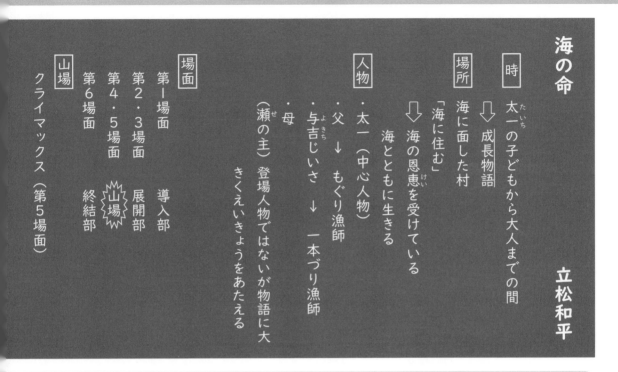

海の命　立松和平

- 時 → 太一の子どもから大人までの間
  → 成長物語
- 場所 → 海に面した村
  「海に住む」
  → 海の恩恵を受けている
  　海とともに生きる
- 人物
  ・太一（中心人物）
  ・父 → もぐり漁師
  ・与吉じいさ → 一本づり漁師
  ・母
  ・（瀬の主）登場人物ではないが物語に大きくえいきょうをあたえる
- 場面
  第一場面　導入部
  第２・３場面　展開部
  第４・５場面　山場
  第６場面　終結部
- 山場
  クライマックス（第５場面）

❸ 山場の出来事を確認する

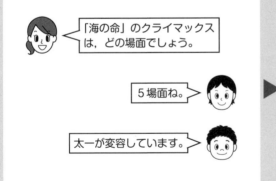

場面分けを行い、全部で６場面あることを確認する。その後に、物語のクライマックスはどの場面にあるかを確認する。クライマックスの根拠となる「中心人物の変容」について問い、瀬の主を打とうと思っていた太一が瀬の主を打たない決断をしたという心情の変化があったことを押さえる。

❹ 現段階での人物関係図をまとめる

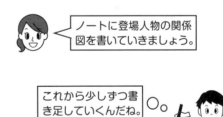

ノートを１ページ使って、人物関係を図で表していくようにする。学習を進めるにしたがって、図に書き込んでいく内容を増やすようにする。現段階では、設定の学習で押さえた登場人物を並べ、矢印を書き入れるだけの内容にとどめる。中心人物の太一を中央に配置し、太一の生き方に影響を与えた人物たちを配置するようにする。次時から本格的に読み取りを進めていくことを伝えて学習を終えるようにする。

海の命

2/6時間　準備物：ホワイトボード

● 「アンチ海の命マン」の登場

　「海の命」の正確な読み取りを促すために，あえて反対の読みの立場をとる「アンチ海の命マン」を登場させます。その役割は教師が担います。教師が繰り出すうがった読みに対して，個人で反証を考え，グループで意見をまとめ，全体の場で発表をさせます。「アンチ海の命マン」の読みを論破することを目標にし，発表や話し合いを通して正確な読みに終始させます。最後に「アンチ海の命マン」は，より説得力のある読みを展開したグループを評価するようにします。

　第1場面の読み取りのために，「太一の父は欲が深かったのではないか」といううがった読みを学習課題に設定します。このうがった読みを払拭するために，叙述をもとにグループで適合する読みを構築していきます。

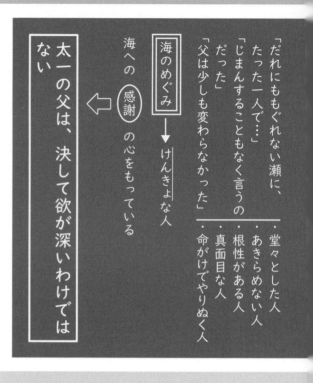

❶音読をし，読み取りの流れを確認する

「アンチ海の命マン」の説明をします。

今までやったことがないなあ。

面白い勉強ができそう…。

　第1場面の音読をする。音読後に，今回の読み取る学習を進める設定として「アンチ海の命マン」についての説明をする。「アンチ海の命マン」の偏った読み方に対して，グループで協力して正しい読み方で論破していくという目標を設定する。

❷学習課題を設定し，個人で取り組む

太一の父は欲が深かったのではないでしょうか？

そんな言い方はないよ。太一は尊敬しているのだから。

どうやって説得しようかな…。

　太一の父への思いを読み取り，父の人物像についてとらえるために，学習課題「太一の父は欲が深かったのではないか」を設定する。子どもたちは，そのようなうがった読み方をしていないため，とらえ方が偏っている「アンチ海の命マン」を説得しようと正しい読み方を模索するようになる。まずは，個人で考える時間を確保し，自分の考えや根拠となる叙述や状況判断についてノートに記述させる。

| 本時の目標 | ・太一の父への思いを読み取り，父の人物像についてとらえることができる。 | 本時の評価 | ・太一の父への思いを読み取り，父の人物像についてとらえている。 |

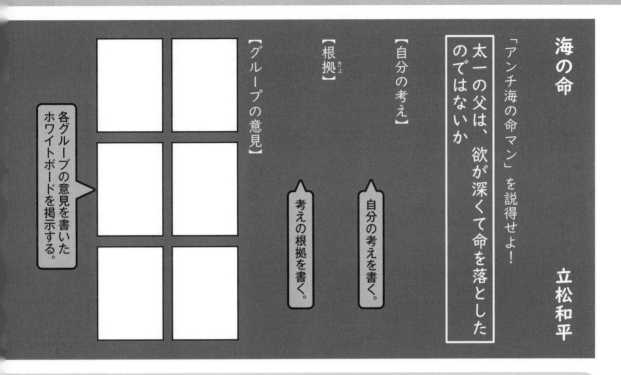

❸グループでまとめ，全体で話し合う

私たちのグループは，太一の父は欲が深い人ではないと考えました。太一の父は真面目な人だと思います。その理由は，「父は少しも変わらなかった」というところから，真面目じゃないとそんなことはできないと思うからです。

個人の考えを持ち寄り，グループで意見をまとめる。グループには，黒板に掲示することができるホワイトボードを配付し，まとめた意見を記入させるようにする。代表で発表する人を決めさせて，全体の前で発表させる。機会は全部で４回あるため輪番になるように進める。

全体の話し合いでは，正しい読みの方向性となるキーワード等を板書するようにする。

❹人物関係図に追記し，考えをまとめる

今日の学習で「アンチ海の命マン」が最も感心したのは〇〇グループでした。その理由は…。

うれしいな。がんばって考えてよかった。

全体での話し合いを参考にして，第１時で枠だけを書いた人物関係図に追記をさせる。本時の学習で見えてきた関係は，「太一と父」，「父と瀬の主」となる。行動や会話，互いの気持ちが分かったり，かかわり合いが見えたりする言葉などを関係図の矢印に沿って書き込ませるようにする。

最後に「アンチ海の命マン」から，より説得力のある読みを展開したグループを評価して学習を終える。

3／6時間　海の命

準備物：ホワイトボード

● 「アンチ海の命マン」の学習課題

　「海の命」の正確な読み取りを促すために，あえて反対の読みの立場をとる「アンチ海の命マン」の2回目の登場になります。

　今回は，太一に大きな影響を与える人物である与吉じいさの人物像を中心に話し合いをします。学習課題は「太一はもぐり漁師になりたいのに師匠を間違えたのではないか」を提示します。目指している漁の仕方は違えども，海への感謝をもって漁をしている与吉じいさの姿は，亡き父を彷彿とさせます。海に対する「謙虚さ」や「敬虔さ」を行動や生き方で示す与吉じいさに，太一が弟子入りをした真の理由があることを読み取ってほしいという願いがあります。

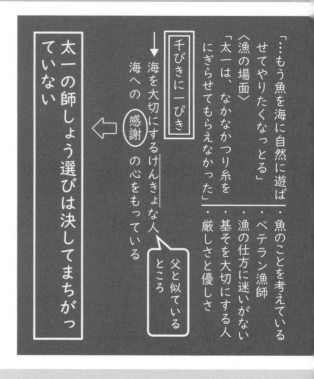

❶音読をし，学習課題を設定する

「太一はもぐり漁師になりたいのに師匠を間違えたのではないでしょうか。」

「確かにもぐり漁師を目指していたけど…。」

「どうやって説得しようかな…。」

　第2・3場面の音読をする。太一の与吉じいさへの弟子入りについて読み取り，与吉じいさの人物像についてとらえるために，学習課題「太一はもぐり漁師になりたいのに師匠を間違えたのではないか」を設定する。子どもたちは，そのようなうがった読み方をしていないため，とらえ方が偏っている「アンチ海の命マン」を説得しようと正しい読み方を模索するようになる。

❷個人で取り組み，グループでまとめる

「個人の考えを出し合い，ホワイトボードにグループの意見としてまとめましょう。」

「与吉じいさと父は似ているところがあるな。」

「ほかの人の考えを聞いてみたいな。」

　個人で考える時間を確保し，自分の考えや根拠となる叙述や状況判断についてノートに記述させる。その後，個人の考えを持ち寄り，グループで意見をまとめるようにする。グループには，黒板に掲示することができるホワイトボードを配付し，まとめた意見を記入させるようにする。

本時の目標	・与吉じいさの漁の仕方や考え方を読み取り，与吉じいさの人物像についてとらえることができる。	本時の評価	・与吉じいさの漁の仕方や考え方を読み取り，与吉じいさの人物像についてとらえている。

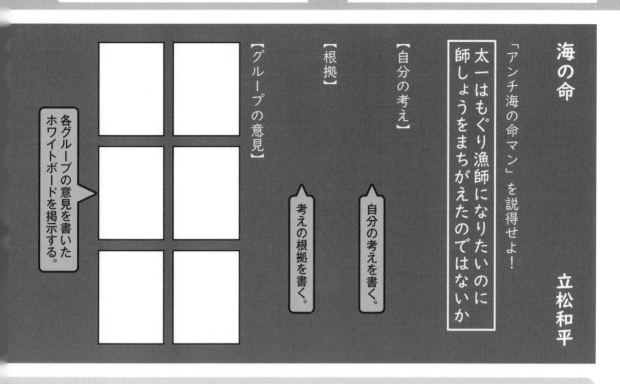

❸ 全体で話し合う

ぼくたちのグループは，太一は師匠を間違えていないと考えました。その理由は，与吉じいさは一本釣り漁師ですが「つり糸をにぎらせてもらえなかった」というところから，漁の基礎を大切にする人だと思いました。その考え方を太一は学ぼうとしたと思います。

　グループ内で代表として発表する人を決めさせて，全体の前で発表をさせる。全体の話し合いでは，正しい読みの方向性となる発言やキーワード等を板書するようにする。

❹ 人物関係図に追記し，考えをまとめる

今日の学習で「アンチ海の命マン」が最も感心したのは○○グループでした。その理由は…。

確かに。ぼくも気付くことがあったよ。

　全体での話し合いを参考にして，人物関係図に追記をさせる。本時の学習で見えてきた関係は，「太一と与吉じいさ」となる。行動や会話，互いの気持ちが分かったり，かかわり合いが見えたりする言葉などを関係図の矢印に沿って書き込ませるようにする。
　最後に「アンチ海の命マン」から，より説得力のある読みを展開したグループを評価して学習を終える。

4/6時間 海の命

準備物：ホワイトボード

● 「アンチ海の命マン」の学習課題

「海の命」の正確な読み取りを促すために，あえて反対の読みの立場をとる「アンチ海の命マン」の3回目の登場になります。

今回は，クライマックス場面におけるもりを下ろした太一の心情の変化を中心に話し合いをします。学習課題は「太一はもりを打つ勇気をなくしたのではないか」を提示します。あえて表面的な理由を示すことによって，より精神性の高い理由を模索するように仕向けます。追い求めていた瀬の主に対峙した太一は，何を感じ，何を思い，もりを下ろし笑顔をつくったのか。クライマックスの場面において自分の考えを構築することは，この単元における最大の学習であるといえます。

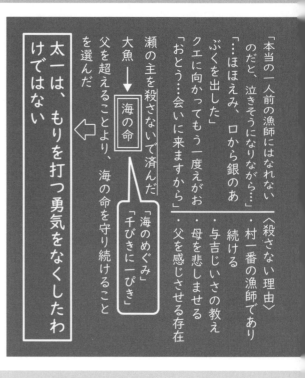

❶ 音読をし，学習課題を設定する

あまりに立派な瀬の主の姿を見て，太一はもりを打つ勇気をなくしたのではないでしょうか。

長年追い求めていたはずだから…。

どうやって説得しようかな…。

第4・5場面の音読をする。クライマックス場面の太一の心情を読み取り，太一の変容についてとらえるために，学習課題「太一はもりを打つ勇気をなくしたのではないか」を設定する。子どもたちは，そのようなうがった読み方をしていないため，とらえ方が偏っている「アンチ海の命マン」を説得しようと正しい読み方を模索するようになる。

❷ 個人で取り組み，グループでまとめる

個人の考えを出し合い，ホワイトボードにグループの意見としてまとめましょう。

太一は与吉じいさの教えを守ったと思う。

ほかの人の考えを聞いてみたいな。

個人で考える時間を確保し，自分の考えや根拠となる叙述や状況判断についてノートに記述させる。その後，個人の考えを持ち寄り，グループで意見をまとめるようにする。グループには，黒板に掲示することができるホワイトボードを配付し，まとめた意見を記入させるようにする。

| 本時の目標 | ・クライマックス場面の太一の心情を読み取り、太一の変容についてとらえることができる。 | 本時の評価 | ・クライマックス場面の太一の心情を読み取り、太一の変容についてとらえている。 |

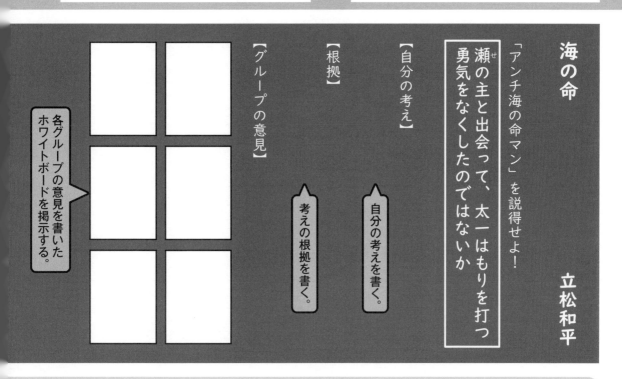

海の命　立松和平

「アンチ海の命マン」を説得せよ！
瀬（せ）の主と出会って、太一はもりを打つ勇気をなくしたのではないか

【自分の考え】自分の考えを書く。
【根拠】考えの根拠を書く。
【グループの意見】
各グループの意見を書いたホワイトボードを掲示する。

❸全体で話し合う

私たちのグループは、太一はもりを打つ勇気がなかったのではないと考えました。その理由は、「太一は瀬の主を殺さないで済んだのだ。」と書いてあるからです。これは、太一の中に殺さない理由ができたことを表しています。勇気とかは関係ないと思います。

　グループ内で代表として発表する人を決めさせて、全体の前で発表をさせる。全体の話し合いでは、正しい読みの方向性となる発言やキーワード等を板書するようにする。

❹人物関係図に追記し、考えをまとめる

太一がもりを下ろした理由について、自分の考えをまとめましょう。

みんなのおかげで太一の行動の理由が分かったよ。

　全体での話し合いを参考に、人物関係図に追記をさせる。本時の学習で見えてきた関係は、「太一と瀬の主」となる。行動や会話、互いの気持ちやかかわり合いが見える言葉などを関係図の矢印に沿って書き込ませる。また、今回は、太一がもりを下ろした理由について、ノートに自分の考えをまとめさせる。最後に「アンチ海の命マン」から、より説得力のある読みを展開したグループを評価して学習を終える。

5/6時間 海の命

準備物：ホワイトボード

● 「アンチ海の命マン」の学習課題

　「海の命」の正確な読み取りを促すために，あえて反対の読みの立場をとる「アンチ海の命マン」の最後の登場になります。

　今回は，後日譚における変容した後の太一の生活の様子を中心に話し合いをします。学習課題は「太一は瀬の主のことを話してもよかったのではないか」を提示します。太一は，巨大なクエを岩の穴で見かけたのにもりを打たなかったことを誰にも話しませんでした。話さないことによって守れたものや得られたものについて目を向けさせます。「もちろん」という副詞は，「当然」や「言うまでもなく」という意味をもちます。話さないことは太一にとって当然の選択であることがうかがえます。なぜ話さなかったのかについて考えることは，太一が選択して進んだ生き方を明確にし，作品のテーマにつながる学習になります。

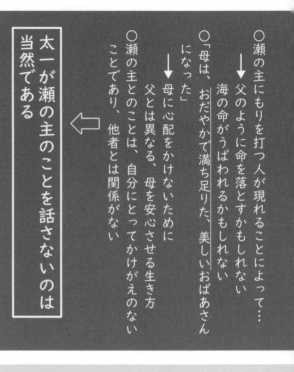

太一が瀬の主のことを話さないのは当然である

○瀬の主にもりを打つ人が現れることによって…
　父のように命を落とすかもしれない
　海の命がうばわれるかもしれない
○「母は，おだやかで満ち足りた，美しいおばあさんになった」
　→母に心配をかけないために
　　父とは異なる，母を安心させる生き方
○瀬の主とのことは，自分にとってかけがえのないことであり，他者とは関係がない

❶音読をし，学習課題を設定する

太一は瀬の主のことを話してもよかったのではないでしょうか。

誰かに話すと大変なことになるかも…。

どうやって説得しようかな…。

　第6場面の音読をする。後日譚における変容した後の太一の生活の様子をとらえるために，学習課題は「太一は瀬の主のことを話してもよかったのではないか」を提示する。この学習課題は，母との関係性や，作品のテーマに派生させることができる。子どもたちは，太一が話さないのは当然であるという読み方をしているため，とらえ方が偏っている「アンチ海の命マン」を説得しようと正しい読み方を模索するようになる。

❷個人で取り組み，グループでまとめる

個人の考えを出し合い，ホワイトボードにグループの意見としてまとめましょう。

話すと誰かがもりを打ちにいくかもしれない。

ほかの人の考えを聞いてみたいな。

　個人で考える時間を確保し，自分の考えや根拠となる叙述や状況判断についてノートに記述させる。その後，個人の考えを持ち寄り，グループで意見をまとめるようにする。グループには，黒板に掲示することができるホワイトボードを配付し，まとめた意見を記入させるようにする。

| 本時の目標 | ・後日譚を読み取り，変容した後の太一の生活の様子についてとらえることができる。 | 本時の評価 | ・後日譚を読み取り，変容した後の太一の生活の様子についてとらえている。 |

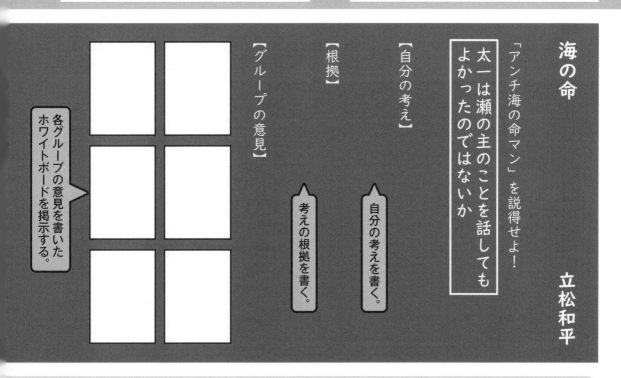

海の命

立松和平

「アンチ海の命マン」を説得せよ！
太一は瀬の主のことを話してもよかったのではないか

【自分の考え】
自分の考えを書く。

【根拠】
考えの根拠を書く。

【グループの意見】
各グループの意見を書いたホワイトボードを掲示する。

❸全体で話し合う

私たちのグループは，太一は瀬の主のことを話さないほうがいいと考えました。その理由は，誰かに話した場合，その話を聞いた誰かが瀬の主に勝負を挑むかもしれないからです。そして父のように命を落とす可能性があるからです。

　グループ内で代表として発表する人を決めさせて，全体の前で発表をさせる。全体の話し合いでは，正しい読みの方向性となる発言やキーワード等を板書するようにする。

❹人物関係図に追記し，考えをまとめる

今日の学習で「アンチ海の命マン」が最も感心したのは○○グループでした。その理由は…。

太一は話さないことによって様々な命を守ったんだね。

　全体での話し合いを参考に，人物関係図に追記をさせる。本時の学習で見えてきた関係は，「太一と母」となる。「母は，おだやかで満ち足りた，美しいおばあさんになった」という叙述を吟味し，かかわり合いが感じられる言葉を紡いで関係図の矢印に沿って書き込ませる。今回で人物関係図が完成する。最後に「アンチ海の命マン」から，より説得力のある読みを展開したグループを評価して学習を終える。

6 海の命

6時間

準備物：便せん

○これまでいっしょに考えてきたグループで手紙を読み合おう。

●仮定の設定で手紙を書く

　単元の最後の時間になります。最後は,「もりを打たなかったことを生涯だれにも話さなかった太一が,もし,だれか1人に伝えるとしたら…」という仮定の設定で,手紙の形式で創作表現をさせます。誰を対象にするか,一人一人の読みがうかがえる教師側にとっても楽しみな活動です。手紙の交流も,活発に行われます。単元を通して学習してきたことの総決算になります。

　この設定であれば,手紙の「対象」と「内容」という二つの観点から,子ども一人一人の読みを確認することができます。また,「友達の手紙も読んでみたい」という意識が生まれます。表現物の交流は,ほかの学習にも転移するプラスの効果をもたらします。

❶活動内容について共通理解を図る

「もりを打たなかったことを生涯だれにも話さなかった太一が,もし,だれか1人に伝えるとしたら…」として手紙を書いてみましょう。

もしもの手紙ね。面白そう。

　単元のまとめの学習活動として,「もりを打たなかったことを生涯だれにも話さなかった太一が,もし,だれか1人に伝えるとしたら…」という仮定の設定で,手紙の形式で創作表現をさせる。物語の最後の場面では,父と与吉じいさは他界している。他界していても手紙を書く相手として選択肢になることを伝える。

❷どの登場人物に伝えるのかを考える

1人だとすれば,太一は誰に手紙を書くか考えてみましょう。

天国のおとうに伝えたいなあ。

与吉じいさに教えを守ったことを伝えよう。

　1人だけに伝えるとしたら,太一は誰に伝えるかを考えさせる。漁師の生き様を教えてくれた「与吉じいさ」か,憧れであり瀬の主を追い求める理由となった「父」か,いつもそばにいて成長を見守ってくれた「母」か,幸せな家庭を構成する「奥さん」か「子どもたち」か。仮定の設定に明確な答えはなく,太一を形作ったすべての人々が答えになる。

| 本時の目標 | ・文章を読んでまとめた意見や感想を共有し、登場人物に仮定の手紙を書くことを通して、自分の考えを広げることができる。 | 本時の評価 | ・文章を読んでまとめた意見や感想を共有し、登場人物に仮定の手紙を書くことを通して、自分の考えを広げている。 |

海の命　立松和平

「もりを打たなかったことを生涯だれにも話さなかった太一が、もし、だれか一人に伝えるとしたら…」として手紙を書いてみよう

【だれに？】
父
与吉じいさ
母
おくさん
子どもたち

【どのような？】
巨大なクエを岩の穴で見かけたのにもりを打たなかったことは、もちろん太一は生涯だれにも話さなかった。
物語はだれにも話さずに生涯を終えたと完結している
← 出せない手紙を書いたとしたら（仮定）

❸手紙の文面を書く

> おとうへ
> 一つだけ夢をかなえたよ。漁師になったんだ。与吉じいさから「千びきに一ぴきでいい」と海の大切さを教えてもらった。おとうも「海のめぐみ」を大切にしていたよね。ある日、おとうを破った瀬の主に出会った。おとうのかたきをうとうと強く思っていたけれど…。

手紙の対象が決定したら、内容を書かせる。十分に時間をとるようにする。手紙の内容は、一人一人がどのように「海の命」を読んできたのかが分かる材料となる。

物語は「生涯だれにも話さなかった」とある。その物語の世界観を壊さないため、実際に手紙を出すか出さないかは問わないことにする。心の内を手紙に記すというスタンスで書かせるようにする。

❹書いた手紙を紹介し合う

書いた手紙を紹介し合うようにする。これまでともに学習課題について考えてきたグループで紹介し合う。時間があれば、「海の命」の最後の音読をして終えるようにする。

漢字の広場⑥

1時間

❶ 単元目標・評価

・第5学年までに習った漢字を正しく活用して文章を書くことができる。（知識及び技能(1)エ）
・示された漢字を使い，書き表し方などに着目しながら，文や文章を整えることができる。
（思考力，判断力，表現力等B(1)オ）
・言葉がもつよさを認識するとともに，進んで読書をし，国語の大切さを自覚して，思いや考えを伝え合おうとする。（学びに向かう力，人間性等）

知識・技能	第5学年までに習った漢字を正しく活用して文章を書いている。((1)エ)
思考・判断・表現	「書くこと」において，示された漢字を使い，書き表し方などに着目しながら，文や文章を整えている。（B(1)オ）
主体的に学習に取り組む態度	漢字の読み書きに親しみ，進んで文や文章を書こうとしている。

❷ 単元のポイント

教材の特徴

　本教材は，「漢字は面倒」という児童の意識を変えていくのに適している。卒業式の呼びかけに合わせて既習漢字を活用することは，漢字の読み書きが苦手な児童でも「楽しそうだ」，「できそうだ」と感じるはずである。そして，既習漢字を正しく使えたことの達成感や，漢字を使った文章の読みやすさを味わうことができる。

言語活動

　文や文章を作る面白さを高めるため，仲間とペアを組んで相談しながら進めるようにする。課題提示の際は，「出ている漢字をできるだけ多く使って文を作る学習です。前にもやりましたね。今回のテーマは『卒業式の呼びかけ』です。在校生や家の人に分かりやすく伝える気持ちで書いてみましょう」と話し，活動の見通しをもたせる。ただ，いきなり始めると漢字の読み書きを苦手にしている児童などは「やらされている」と感じてしまうので，導入では全員で漢字を音読する活動を行う。このように言葉と絵の情報を確認することによって，どの子も書くべき文のイメージがもてるようになる。

200　漢字の広場⑥

3 学習指導計画（全１時間）

次	時	目標	学習活動
一	1	・第5学年までに配当されている漢字を書き，文や文章の中で使うことができる。	○既習の漢字を正しく活用して文章を書く。 ・提示されている漢字を読む。（追いかけ読み） ・課題を知り，ペアで文を作る。 ・できあがった作品を発表し合う。

行事につなげる

　秋以降，6年生は卒業にかかわる活動が多くなります。それらの中心となるのが「卒業式」です。私が住んでいる地域の卒業式には，卒業生が在校生へメッセージを送ったり，在校生が卒業生にお礼の言葉を述べたりする「呼びかけ」という活動があります。これを今回の言語活動と関連付けました。無理があることは承知のうえで，本単元で扱う漢字を活用して「呼びかけ」を完成させると，次のような文が考えられます。

> 在校生のみなさん，私たち卒業生はこの6年間でたくさんの思い出ができました。
>
> ①校舎の周りの桜が満開だった入学式。
> ②本を読む習慣が身についた読書タイム。
> ③所属チームの勝利に向け，サッカーやバスケットボールが得意な仲間たちが動きの基本を教えてくれたスポーツ大会。
> ④効率よく製品を造るための製造過程におどろいた工場見学。
> ⑤永久に友達だとちかい合った仲間との友情。
> ⑥算数の授業で図形の美しさを教えてくれた恩師，阿部先生。
> ⑦新幹線の中でおやつを食べながら盛り上がった修学旅行。
> ⑧総力を挙げて競技にいどみ，チームの団結力で圧勝した運動会。
> ⑨司会役としての責任を果たすために，みんなの意見を統一し，報告したグループ会議。
> ⑩たがいの経験を出し合い，記事となる紀行文の構成や編集作業に励んだ新聞づくり。
>
> さまざまな思い出を胸に，私たちは，中学校でもがんばります。

　すべての文を作って発表し合っていると時間内に終わりません。実態に合わせて個人作業の量を調整しましょう。また呼びかけの特徴である「体言止め」については，既習事項ですが，改めて「物や出来事の名前で終わるようにする」と簡単に説明しておくと考えやすくなります。

単元について　201

1 漢字の広場⑥

1時間　準備物：なし

●漢字を使う「楽しさ」を感じられるように

　ペア学習を取り入れることで，漢字や文を書くことが苦手な子も，課題に向かって仲間と楽しみながら取り組めます。ただし，ペアの学力差等によって進み具合が違ってきます。作業が進まないペアには，文を考える役を順番に担当する方法もあることを知らせておきます。

●漢字を使う「よさ」を感じられるように

　この授業では，前学年の漢字を覚え直すだけでなく，「漢字を使うと読みやすい」という感覚も養います。授業の終末にこのことを取り上げ，「習った漢字をどんどん作文や日記に使っていこう」と呼びかけましょう。ただし，識字障害など字の読み書きに関する特性をもっている児童へは，過度なストレスにならないように，発達状況に合わせた言葉かけや課題設定が必要です。

> 習った漢字は、作文や日記で使っていこう
>
> ④効率よく…工場見学。
> ⑤永久に…仲間との友情。
> ⑥算数の授業…○○先生。
> ⑦新幹線の中で…修学旅行。
> ⑧総力を挙げて…運動会。
> ⑨司会役としての…グループ会議。
> ⑩たがいの経験を出し合い…新聞づくり。

❶漢字を音読する

「まず，漢字を正しく読みましょう。先生との『追いかけ読み』です。先生から始めます。」

「覚えている。5年生の時に習った漢字だ。」

「漢字と絵が関係しているなあ。テーマは6年間の思い出のようだね。」

　本単元は1時間である。課題をすぐに始めたいところだが，それでは「やらされている」と受動的に感じてしまう児童がいる。苦手さのある児童にも授業の見通しをもたせるには，課題にかかわるウォーミングアップが必要である。提示されている漢字を教師の後に続けて読む「追いかけ読み」を行い，使う漢字とイラストをつなげ，活動の見通しをもたせ，学習に向かう姿勢をつくる。

❷課題を理解する

「出ている漢字を使って文を作る活動をします。テーマは「卒業式の呼びかけ」です。在校生や家の人に分かりやすく伝える気持ちで書いてみましょう。三つの絵についてみんなで作ってみましょう。残りは，隣の人と相談しながら，できるだけ多くの漢字を使って文を作りましょう。」

　課題を示す。①ペアで取り組むこと，②提示されている漢字をできるだけ多く使うことなどのルールを確認し黒板に書き残しておく。活動が始まったら，出ている漢字も黒板に示す。

　今回は，呼びかけの特徴である「体言止め」に注意して文を作ることにも触れる。「物や事柄の名前で終わるようにする」と簡単に説明し，3文目までは全員で意見を出し合いながら作る。

| 本時の目標 | ・第5学年までに配当されている漢字を書き，文や文章の中で使うことができる。 | 本時の評価 | ・第5学年までに配当されている漢字を書き，文や文章の中で使っている。 |

漢字の広場⑥

卒業式の「呼びかけ」を完成させよう

・ペアで相談しながら作る。
・出ている漢字をたくさん使って文を作る。

【出だしの一文】
在校生のみなさん、私たち卒業生はこの6年間でたくさんの思い出ができました。

① 校舎の周りの桜が満開だった入学式。
② 本を読む習慣が身についた読書タイム。
③ 所属チームの勝利に向け、サッカーやバスケットボールが得意な仲間たちが動きの基本を教えてくれたスポーツ大会。

【終わりの一文】
さまざまな思い出を胸に、私たちは、中学校でもがんばります。

❸漢字を文章の中で使う

四つ目からは自分たちで作ってみましょう。ヒントを黒板に示します。困った時は参考にして使っていいです。

「効率よく」が出だしで，「工場見学」につなげるにはどうすればいいかな。

しかも「製造過程」を使わなくちゃ。

作文活動では，出だしの文で悩み，書き出しに時間がかかる児童がいる。そのような場合は，最初の一文を示し，活動の見通しを与える。

ペアの作業は，2人の相性や学力差によって進度が異なる。作業が進まないペアには，常に一緒に考えるのではなく，文を考える役を順番に担当する方法もあることを知らせる。

❹完成した文章を発表する

グループで呼びかけを紹介し合いましょう。聞く人は漢字を使えているかを確かめながら聞きましょう。

出ている漢字を全部使って書くことができたね。

君たちのペアは漢字を上手に使っていたよ。

残り10分になったら作業を止め，1組のペアを指名し全体の前で発表させる。他のペアにも発表の機会を与えるため，複数のペアをグループにして作文を発表し合える場をつくる。

最後に本時を振り返る。どの感想も好意的に受け止める。そして「どのペアも上手です。漢字を使った文は読みやすいですね。習った漢字はどんどん使っていきましょう」と話し，今後の作文活動につなげる。

卒業するみなさんへ

中学校へつなげよう／生きる／人間は他の生物と何がちがうのか

4時間

1 単元目標・評価

- 比喩や反復などの表現の工夫に気付くことができる。（知識及び理解(1)ク）
- 文章を読んで理解したことに基づいて，自分の考えをまとめることができる。（思考力，判断力，表現力等C(1)オ）
- 言葉がもつよさを認識するとともに，進んで読書をし，国語の大切さを自覚して，思いや考えを伝え合おうとする。（学びに向かう力，人間性等）

知識・技能	比喩や反復などの表現の工夫に気付いている。（(1)ク）
思考・判断・表現	文章を読んで理解したことに基づいて，自分の考えをまとめている。（C(1)オ）
主体的に学習に取り組む態度	積極的に6年間の国語学習を振り返り，これまでの学習を生かして，詩を読んで感じたことを伝え合ったり，文章に対する自分の考えをまとめたりしようとしている。

2 単元のポイント

教材の特徴

「卒業するみなさんへ」は，「中学校へつなげよう」「生きる」「人間は他の生物と何がちがうのか」の三つの教材で構成されている。「生きる」「人間は他の生物と何がちがうのか」からいずれかを選択し，これまで学んだことを生かして，自力で読み取り，考えを深めることをねらいとしている。「中学校へつなげよう」では，これまでの学習を振り返り，中学校に向けて学習の意欲を高めることを目標にしている。これらの学習を通して，これまでの学習を振り返ることができる。「生きる」は，様々な視点から「生きている」ということが表現された詩である。日常の当たり前の中に感じる「生きる」をとらえることで，日常を新鮮な思いで見ることができるようになる。「人間は他の生物と何がちがうのか」は，人間と他の生き物を比較して，人間は言葉の力で発展したこと，言葉はコミュニケーションの道具でもあり，世界を知るための道具でもあることを教えてくれる。自らの言葉の力を磨いていこうと思わせてくれる説明文である。また，「生きる」「人間は他の生物と何がちがうのか」には，それぞれの筆者・作者が考える「人として生きること」が描かれている。それぞれの「生き方」を読み取り，共通点や相違点を見付けていくことで，今の子どもたちにとっての「生きる」について考えさせることができる。

3 学習指導計画（全4時間）

次	時	目標	学習活動
一	1	・6年間で身に付けてきた力を，振り返ることができる。	○「中学校へつなげよう」から，6年間の国語学習を振り返る。 ○単元の目標と，共通の学習課題を確認する。 ○「生きる」「人間は他の生物と何がちがうのか」を読み，自分の追究する教材を一つ選ぶ。
二	2	・作品を読み，筆者（作者）が伝えたいことに対する自分の考えを深めることができる。	○心に残った言葉を書き出し，そこから考えたことや思ったことをノートに書く。 ○振り返りをする。
	3	・作品を読み，筆者（作者）が伝えたいことに対する考えを深めることができる。	○一人で深めた読みをグループで交流する。 ○筆者（作者）が伝えたいことをまとめ，交流する。 ○筆者（作者）にとっての「生きる」をまとめる。
三	4	・6年間の学びを振り返り，これからの生活や学習に向けて取り組みたいことを進んで考えようとする。	○筆者（作者）にとっての「生きる」を交流する。 ○二つの教材を比較し，これまでの学びを振り返る。

よりよい学習発表会に向けて

　本単元は，小学校最後の単元になります。子どもたちは，6年間をかけて，様々な教材と出会い，言葉の力を獲得してきました。それは，新たな文章に出会った時に，自分の力で豊かに読み取ることを目指しています。本単元では，これまでに培った力を生かして，自分の力で教材を読み取ることが目標です。つまり，自分の力を試してみる場としての単元になります。しかし，「自由に教材を読もう！」と学習を進めても深い学びにはなりません。子どもたちが自由に教材を読み深めつつ，深い学びにするために工夫したいことが二つあります。

　一つは，教材を読み取る目標を明確にすることです。ここでは，「筆者（作者）にとって，『生きる』とは○○だ」という文型にまとめることを目標にしています。○○に入る言葉を読み取るという目標が，教材を読む視点を明確にします。また，一つの文型にまとめることで，同じ教材の友達の解釈や，二つの教材の筆者（作者）を比較しやすくなります。

　もう一つは，教材を読み深める方法を明示することです。子どもたちが考えやすく，そして考えることで教材の本質を読み深めることができる発問をします。ここでは，「心に残った言葉や文を書き出し，そこから考えたことや思ったことをノートに書こう」と問います。子どもは心に残る言葉や文章を見付け，そこから考えていきます。その過程で，自分だけでは解決できない問いが生まれます。その問いをクラスの友達に投げかけ，共に考えることで，より深い学びへとつながります。そこで生まれる問いは，自ら生み出した問いであり，切実感が強い問いです。このような学びが，主体的な子どもの姿を生み出します。

1 / 4時間 中学校へつなげよう／生きる／人間は他の生物と何がちがうのか

準備物：なし

●単元の目標を明確にする

本時は，単元の導入になります。本単元は，自分で教材を選択し，自分の力で読みを深めていくことになります。単元の導入で大切なことは，単元のゴールを明確に提示することです。

本単元では，教材を読み，「筆者（作者）にとって，『生きる』とは〇〇だ」という文型でまとめることがゴールになります。キーワードは「生きる」です。6年生のこれまでの教材では，「海の命」「やまなし」など「生きる」ことをテーマにした作品が多くありました。その視点で，文章を読むことが目標になります。子どもたちは，筆者（作者）にとっての「生きる」が感じられる言葉に注意し，自分たちの力で読みを広げていくことでしょう。単元のゴールを明確にすることにより，教材を読む視点を明確にすることができます。

◆これからの学習

教材 「生きる」 谷川俊太郎
　　　「人間は他の生物と何がちがうのか」 福岡伸一

目標 一つ教材を選んで次のようにまとめる

筆者（作者）にとって，「生きる」とは〇〇だ。

❶「中学校へつなげよう」に書き込む

教科書p.250を見てください。たくさんの言葉の力を学習してきました。教科書p.251の「こんな力がついたよ。」に，自分に身に付いた力を選んで書き込みましょう。

要約できるようになりました。

ノートや教科書を振り返り，これまでの学習を振り返る。心に残っている教材や授業を振り返らせてもよい。そして，教科書p.250の言葉の力から，自分に付いた力を選ばせ，教科書に書き込ませる。

❷「生きる」とは何かを考える

「生きる」という言葉から連想する言葉をイメージマップに書き広げましょう。

「食事」とか「家族」とか…。

自分にとって価値ある三つの言葉を選びましょう。

イメージマップを使い，「生きる」という言葉から連想する言葉をたくさんノートに書かせ，発表させる。友達の発言を聞いて，共感できるものは，ノートに書き足させる。最後に，「生きる」から連想したものの中から，自分にとって価値ある三つを選ばせる。これから読む二つの教材文に描かれた筆者（作者）の考える「生きる」と比較することができる。

本時の目標	・6年間で身に付けてきた力を，振り返ることができる。	本時の評価	・6年間で身に付けてきた力を，振り返っている。

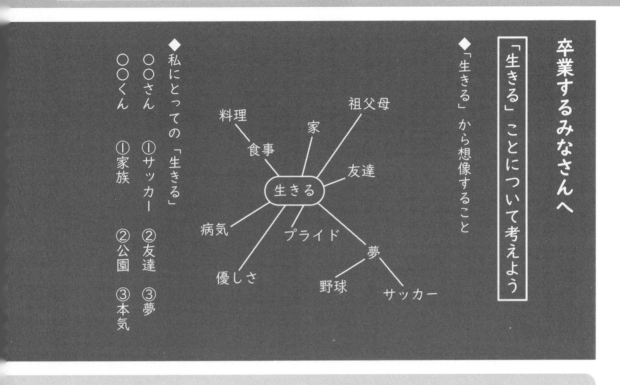

卒業するみなさんへ

「生きる」ことについて考えよう

◆「生きる」から想像すること

生きる
- 祖父母 — 家
- 友達
- 夢 — 野球／サッカー
- プライド
- 優しさ
- 病気
- 食事 — 料理

◆私にとっての「生きる」
- ○○さん ①サッカー ②友達 ③夢
- ○○くん ①家族 ②公園 ③本気

❸ 単元の目標を確認する

> それでは，本単元の目標を説明します。「生きる」「人間は他の生物と何がちがうのか」の二つの教材から一つ選び，自分の力で読み深めてください。そして，最後に，「筆者（作者）にとって，『生きる』とは○○だ」という形にまとめてください。

本単元の目標を伝える。
単元の目標…「生きる」「人間は他の生物と何がちがうのか」の二つの教材から一つ選び，自分の力で読みを深める。
それぞれの教材を読み，「筆者（作者）にとって，『生きる』とは○○だ」という文型で読み取ったことをまとめることが単元のゴールであることを伝える。

❹ 自分が追究する教材を一つ選ぶ

> 今から，「生きる」「人間は他の生物と何がちがうのか」を読みます。心に残った言葉や文に赤線を引きましょう。読んだら，追究する教材を選びましょう。

> 私は，「生きる」にしようかな。

「生きる」「人間は他の生物と何がちがうのか」の二つを読む。そして，自分が追究したい作品を一つ選ばせる。初めて読んだ時に，心に残った言葉や文に赤線を引かせる。初めての驚きや感動，疑問は読み深める糸口になる。赤線を引いた箇所は，第2時以降に活用する。

2/4時間　生きる／人間は他の生物と何がちがうのか

準備物：黒板掲示用資料

●共に学ぶ

本時では，グループの話し合いが学習の中心になります。グループの人数は，3〜5人の少人数にすることで，参加しやすくなります。クラスの状況に合わせて，発言順を決めたり，司会者を立てたりすることで，スムーズな話し合いをすることができます。

グループの話し合いを有効なものにするためには，話し合いの前に自分一人で考える時間をしっかりと設定することが重要になります。一人一人が，結論にたどり着かなくても，全力で考えることに意味があります。そうすることで，自分が納得することを目標に話し合いに向かうことができ，価値ある話し合いにすることができます。

> ◆つなぎ言葉
> 「例えば」「なぜかというと」
> 「だけど」「もしかすると」「たぶん」
>
> で、物事に名前を付けることができたり、仕組みを解明できたり、説明できるのだと分かりました。もし言葉がなければ、そのことが存在しないのと同じで…

❶本時の目標を確認し、音読をする

前時に「生きる」「人間は他の生物と何がちがうのか」から追究する教材を選びましたね。音読しましょう。

今日は一人で読み深めてもらいます。それではやり方を説明します。

まず，「生きる」「人間は他の生物とちがうのか」のうち追究する教材を確認し，音読をする。そして，一人で読み深める方法を確認する（板書の通り）。ノートの例を提示し，ノートの書き方の確認をする。ノートの例を掲示したり，配付したりすると分かりやすい。

❷心に残った言葉を書き出す

心に残った言葉をノートに書き出しましょう。

ぼくは「生きているということ」という言葉が繰り返されていて心に残りました。

ここでは，教科書に引いた赤線を参考にしながら，心に残った言葉や文をノートに書き出させる。
〔それはのどがかわくということ〕
のように〔　〕の中に言葉や文を書かせる。

自分の手でノートに言葉や文を書き出すことで，その言葉についてもう一度ゆっくりと読み直すことができる。書き出した言葉や文は，これから自分の読みをつくる土台になる。

| 本時の目標 | ・作品を読み，筆者（作者）が伝えたいことに対する自分の考えを深めることができる。 | 本時の評価 | ・作品を読み，筆者（作者）が伝えたいことに対する自分の考えを深めている。 |

生きる 人間は他の生物と何がちがうのか

心に残った言葉から思ったことや考えたことを書こう

◆ 一人で読みを深めよう
① 音読をする
② 心に残った言葉をノートに書き出す
③ 書き出した言葉から考えたこと、思ったことを書く
※ ②→③をくり返す
④ 分かったことをまとめる
⑤ みんなに聞きたいことを書く

◆ ノートの書き方の例

［自由に将来を選ぶことができるのも、この認識のおかげです。］
この言葉が心に残りました。言葉によって、物事を認識することができるのだと気づかされました。言葉を認識することができるのも、言葉があること

❸ 読みを深める

書き出した言葉から，思ったことや考えたことを書きましょう。

「例えば」「なぜかというと」「だけど」「もしかすると」「たぶん」などを使うと，読みが深まります。

書き出した文や言葉から，思ったことや考えたこと，感じたこと，疑問などを書く。考えた結果を書かせるのではなく，思考のプロセスを書かせる。「まだあまり分からないけど」「やっぱり考えが変わって」など，思考の揺れ動きをノートに表現させたい。また，一つの言葉から考えるだけではなく，複数の言葉を関連させながら読みをつくることで，より深い読みにつながっていく。

❹ みんなに聞きたいことを書く

最後に，みんなに聞いてみたいことを書きましょう。

私は，「言葉で世界を作ってきた」というところがよく分からないので，みんなに聞きたいです。

最後に，1時間のまとめとして，「分からなかったこと」や「分かったこと」，「気が付いたこと」を書かせる。ここでは，箇条書きで書かせる。箇条書きで書かせることで，自分が考えたことを簡潔な言葉で表現させることができる。思考を整理し，まとめることにより，次の授業でも生かすことができる。

第2時 209

3/4時間 生きる／人間は他の生物と何がちがうのか

準備物：なし

●型を決めて子どもの読みを見る

本時では，筆者（作者）が伝えたいことなど，これまでに読み取ったことを土台として，「筆者（作者）にとって，『生きる』とは〇〇だ」という型にまとめます。子どもたちは，〇〇に入る言葉を様々な表現で考えます。〇〇に入る言葉には，その子どもの読みの深さが顕著に表れます。

型を明示することは，読み取ったことを一つの言葉や文にまとめるので，目標が明確になり，すべての子どもたちにとっても考えやすくなります。また，友達の意見との共通点や相違点，筆者（作者）による違いを見出しやすくなります。単元の１時間目に考えた「自分にとっての『生きる』」と比較することもできます。

- 何もかも人間の思いどおりにできない
- 言葉の力をみがく
- 〇伝えたいこと
- 言葉で世界を認識し，説明してきた。そして言葉で考え，一人一人の命を大切にすることに気づいた。だから，けんきょに言葉の力をみがいて，言葉で世界を解き明かしてほしい。

◆筆者（作者）にとって，「生きる」とは〇〇だ。

❶グループで交流する

前時に，一人で読みを深めてもらいました。テーマは，心に残った言葉から考えを広げることでしたね。今日は，その交流です。そして，グループで話し合う中で，筆者（作者）が伝えたいことは何かを考えてみてください。

一人で考えたことをグループで交流する。同じ教材を選択した人で４〜５人のグループをつくる。心に残った言葉をもとに，筆者（作者）が伝えたいことを明らかにすることとする。ここでは，交流であり，結論を一つにまとめる必要はない。自分が納得する答えを見付けることが目標になる。

❷筆者（作者）が伝えたいことを考える

グループでの話し合いをもとに，「筆者（作者）が伝えたいこと」をまとめましょう。

「生きる」では，それぞれの連に共通していることから考えればいいかな…。

「人間は他の生物と何がちがうのか」では，最後の段落から考えられるな…。

筆者（作者）が伝えたいことを一人でまとめる。漠然としたイメージをもつことができていても，簡潔な言葉にまとめられないという子どもがいる。そのような時は，個別にその子どもと話をしながら，的確な言葉を一緒に探してあげる。ここでは，交流はしないが，考えられない子が多い場合は，数人に発表させることでイメージをもたせることができる。

本時の目標	・作品を読み，筆者（作者）が伝えたいことに対する考えを深めることができる。	本時の評価	・作品を読み，筆者（作者）が伝えたいことに対する考えを深めている。

生きる／人間は他の生物と何がちがうのか

筆者（作者）が伝えたいことを交流しよう

谷川俊太郎

□生きる
○キーワード
・あなたの手のぬくみ
・生きているということ
・いまいまが過ぎてゆくこと
・いのちということ

○伝えたいこと
・手をつなぐことで、手のぬくみが伝わる。人間は「愛する」ことで、生きていることが実感できる。
・今このしゅんかんにも赤ちゃんが生まれ、兵士が傷ついている。その矛盾する今を生きている。
・日常の中に生きている実感がある。

□人間は他の生物と何がちがうのか
○キーワード
・言葉で世界を知り、言葉で世界を作る

福岡伸一

---

❸筆者（作者）が伝えたいことを交流する

「筆者（作者）が伝えたいこと」を交流しましょう。違う教材を選択した子を納得させられるように発表しましょう。

「生きる」は5連の詩ですが、各連とも「生きているということ　いま生きているということ」から始まります。これは…。

筆者（作者）が伝えたいことを話し合う。発表する時は，自分の考えのもととなる言葉と，そこから考えたことをあわせて発表させる。「違う教材を選択した子を納得させられるように発表しよう」と声をかける。6年間で培った自力で読む力を見取ることができる。一人一人の考えを丁寧に聞き取るようにしたい。

❹筆者（作者）にとっての「生きる」を考える

「筆者（作者）が伝えたいこと」を話し合いました。それをもとに，「筆者（作者）にとって，『生きる』とは○○だ」という型にまとめてください。次の時間に交流します。

筆者（作者）が伝えたいことをまとめる。筆者が伝えたいことや心に残った言葉や文を参考にしながら，「筆者（作者）にとって，『生きる』とは○○だ」の○○に当てはまる言葉を本文中の言葉を参考に考える。簡潔な言葉にまとめられないという子とは，個別に話をしながら，的確な言葉を一緒に探す。ここでは交流はしないが，考えられない子が多い場合は，数人に発表させることでイメージをもたせることができる。

第3時

中学校へつなげよう／生きる／人間は他の生物と何がちがうのか

4／4時間

準備物：作文用紙

●第1時の「生きる」と比較する

　本時の最後に、「生きる」という言葉からイメージすることを改めてイメージマップに書く活動をします。これまで、「生きる」「人間は他の生物と何がちがうのか」の伝えたいことを読み取り、谷川俊太郎さんと福岡伸一さんの「生きる」を考えました。それらを受け取って、もう一度、自分にとっての「生きる」とは何かを考えます。イメージマップを書かせた後に、自分にとって大事なことを三つ選ばせます。第1時と比較してみると、4時間の学びを実感することができます。

　小学校6年間の最後の学習として、今の自分にとっての「生きる」ことを見つめ直すことは価値ある学習です。クラスみんなの「生きること」をつなげてクラスの「生きる」の詩を作ることもできます。

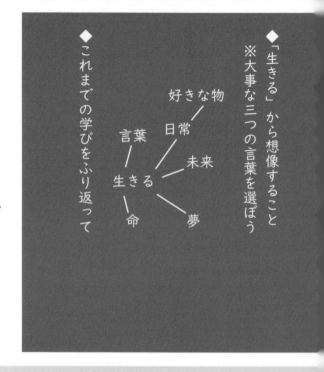

◆「生きる」から想像すること
※大事な三つの言葉を選ぼう

　好きな物／日常／未来／言葉／生きる／夢／命

◆これまでの学びをふり返って

❶筆者（作者）の「生きる」について交流する

前時に、谷川さんと福岡さんにとっての「生きる」を考えました。考えたことをみんなで交流しましょう。

谷川さんの「生きる」は日常だと思います。詩の中に、日常の様々な場面が描かれているからです。

　前時にまとめた、子どもたちが感じた筆者（作者）の「生きる」について交流する。あくまでも「子どもたちが感じた」なので、筆者が伝えたいことと合わなくてもよい。❷で、二つの教材の共通点を見付けるので、ベン図にまとめながら板書する。発表する時には、考えのもととなった本文中の言葉や理由などもあわせて発表させるとよい。

❷二つの教材を比較する

谷川さんと福岡さんの「生きる」や二つの教材を比べてみて、共通することはありますか。

相手のことを考えて、愛することだと思います。

一人一人がしっかりと生きていることだと思います。

　ここでは、2人の筆者（作者）、教材を比較する。特に、「筆者（作者）にとって、『生きる』とは○○だ」という部分について比較する。2人の筆者の共通点や相違点を見付ける。比較することを通して、多様な価値観に気付かせる。また、それぞれの「生きる」の表現の仕方の違いに着目することもできる。

| 本時の目標 | ・6年間の学びを振り返り，これからの生活や学習に向けて取り組みたいことを進んで考えようとする。 | 本時の評価 | ・6年間の学びを振り返り，これからの生活や学習に向けて取り組みたいことを進んで考えようとしている。 |

卒業するみなさんへ

筆者（作者）の「生きる」を交流しよう

◆筆者（作者）にとって、「生きる」とは〇〇だ。

谷川俊太郎【生きる】
- 今があること ・好きなこと
- 日常 ・感情がある
- 愛すること
- 〇一人一人生きている
- 〇言葉の力が大切
- 〇命は大事だ
- 言葉で考え、言葉で共有する
- 言葉で世界を認識していく

福岡伸一【人間は他の生物と何がちがうのか】

❸「生きる」のイメージマップを書く

「生きる」と「人間は他の生物と何がちがうのか」の二つを学びました。もう一度、「生きる」という言葉からイメージマップを書きましょう。

第1時同様に、イメージマップを使い、「生きる」という言葉から連想する言葉をたくさんノートに書かせ、発表させる。友達の発言を聞いて、共感できるものは、ノートに書き足させる。最後に、「生きる」から連想したものの中から、自分にとって価値ある三つを選ばせる。筆者（作者）の考える「生きる」や第1時の自分と比較することができる。

❹これまでの学びを振り返る

これまで6年間で、様々なことを学んできました。どんなことが心に残っていますか。

問いに対して、自分で考えて、友達と話し合い、もう一度考えて自分の考えを深めていくのが楽しかったです。

最後に、これまでに学んだことを振り返って、作文を書かせる。自分の成長に目を向け、中学校へ向けての意欲につなげていく。
- みんなで話し合って、考えることが楽しかった。
- 1年生のはじめは、名前も書けなかったのに、今では上手に書けるようになった。
- 一番好きな教材は「ごんぎつね」だ。
- ぼくは物語よりも説明文が好きだ。

ぼくのブック・ウーマン

ぼくのブック・ウーマン　　名前〔　　　　　　　　　　　〕

構成 段落	観点	自分の考え（メモ）
初め（作品への自分の考えを明らかにします）	□作品がおもしろかったか □作品が好きか □作品の登場人物に共感できたか □作品の主題に納得できたか	
中（こんきょ）（自分の考えの理由・根拠を説明します）	□人物の行動や考え方について □本の役割や読書の意義について □他者との関わりの中で、考えが変わったり、自信がついたりしたことについて □これまでに読んだ似たテーマの本について	
まとめ（全体をまとめます）		

詩を朗読してしょうかいしよう

「詩を朗読してしょうかいしよう」ワークシート①

名前〔　　　　　　　　　　　〕

あ 「いちばん朗読したい詩」を決めて理由をまとめよう

❸の活動の際に、各自が選んだ詩を視写させる。

詩を選んだ理由

友達の考え
〔　　　　　　さん〕

友達の考え
〔　　　　　　さん〕

友達の考え
〔　　　　　　さん〕

詩を朗読してしょうかいしよう

「詩を朗読してしょうかいしよう」ワークシート②

名前 [　　　　　　　　　　　]

あ 読み方を工夫して 朗読しよう

◎各自が選んだ詩が掲載されたものを準備する。
（前時にどの詩を何人選んだか把握できている）

◎「工夫の仕方」が書き込めるように、行間をとる。

　　声の　　　　大きさ・高低
　　読むときの　速さ・間・強弱・リズム
　　レトリック　繰り返し・比喩

☆朗読を聞いた感想（同じ詩）

[　　　　　]さん

[　　　　　]さん

☆朗読を聞いた感想（ちがう詩）

[　　　　　]さん

[　　　　　]さん

ふり返り

日本語の特徴

日本語をしょうかいしよう　　名前〔　　　　　　　〕

◎日本語のここがおもしろい！

題材名

◎こんなところがおもしろい！
どんなおもしろさがあるか、具体例

◎こんなとこに気をつけてね！
表現するときの注意点、活用法

執筆者・執筆箇所一覧

【編著者】

大江　雅之（青森県公立小学校教頭）
　第1章1　指導内容と指導上の留意点｜秋の深まり｜みんなで楽しく過ごすために／[コラム]伝えにくいことを伝える｜『鳥獣戯画』を読む／発見，日本文化のみりょく｜冬のおとずれ｜海の命

【執筆者】（執筆順）

小林　康宏（和歌山信愛大学）
　第1章2　資質・能力をはぐくむ学習評価

宍戸　寛昌（立命館中学校・高等学校）
　第1章3　国語教師の授業アップデート術

柘植　遼平（昭和学院小学校）
　話し言葉と書き言葉

河合　啓志（大阪府池田市立石橋小学校）
　古典芸能の世界／狂言「柿山伏」を楽しもう｜中学校へつなげよう／生きる／人間は他の生物と何がちがうのか

今野　智功（福島県飯舘村立いいたて希望の里学園）
　カンジー博士の漢字学習の秘伝

谷内　卓生（新潟県糸魚川市立南能生小学校長）
　漢字の広場④｜漢字の広場⑥

工藤　尚史（青森県三戸町立三戸小学校）
　ぼくのブック・ウーマン｜漢字の広場⑤｜使える言葉にするために

長屋　樹廣（北海道釧路市立中央小学校）
　おすすめパンフレットを作ろう｜大切にしたい言葉

川村　章太（青森県青森市立甲田小学校）
　詩を朗読してしょうかいしよう

髙久　和則（岩手県二戸市立御返地小学校副校長）
　知ってほしい，この名言

角田　歩美（青森県八戸市立桔梗野小学校）
　日本の文字文化／[コラム]仮名づかい｜日本語の特徴

流田　賢一（大阪府大阪市立堀川小学校）
　「考える」とは　考えることとなやむこと／考えることを考え続ける／考える人の行動が世界を変える

山本　亘（青森県弘前市立文京小学校）
　今，私は，ぼくは

【編著者紹介】

大江　雅之（おおえ　まさゆき）

1974年，岩手県水沢市に生まれる。弘前大学大学院教育学研究科卒業。現在，青森県公立小学校教頭。
全国国語授業研究会顧問。

〈主な著作〉

分担執筆
『国語科重要教材の授業づくり　たしかな教材研究で読み手を育てる「海の命」の授業』『小学校国語　物語文の発問大全』『小学校国語　「話すこと・聞くこと」の授業技術大全』（以上，明治図書）

【協力】

国語"夢"塾

〔本文イラスト〕木村美穂

改訂　板書＆イラストでよくわかる
365日の全授業　小学校国語　6年下

2024年8月初版第1刷刊　Ⓒ編著者　大　江　雅　之
　　　　　　　　　　　　発行者　藤　原　光　政
　　　　　　　　　　　　発行所　株式会社　明治図書出版
　　　　　　　　　　　　　　　　http://www.meijitosho.co.jp
　　　　　　　　　　　（企画）林　知里（校正）西浦実夏
　　　　　　　　　　　　〒114-0023　東京都北区滝野川7-46-1
　　　　　　　　　　　　振替00160-5-151318　電話03(5907)6703
　　　　　　　　　　　　ご注文窓口　電話03(5907)6668

＊検印省略　　　　　　　組版所　株式会社　明昌堂

本書の無断コピーは，著作権・出版権にふれます。ご注意ください。
教材部分は，学校の授業過程での使用に限り，複製することができます。

Printed in Japan　　　　　ISBN978-4-18-462631-7
もれなくクーポンがもらえる！読者アンケートはこちらから

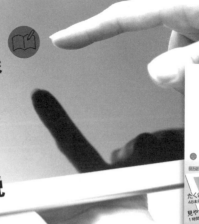

見方・考え方を引き出す7のアクション＆21の実践
国語授業　まずは、動かせ！

岩崎 直哉 著

「まず教える」授業観から脱却せよ！ないものをただ与えようとするのではなく、「まず動かす」ことで子ども自身の持つ「見方・考え方」を引き出し、価値づけ、資質・能力を養っていく授業のあり方を、子どもを動かす「7つのアクション」と21の実践事例で解説します。

Ａ５判　144 ページ／定価 1,980 円(10% 税込)
図書番号　4387

小学校国語
発問組み立て事典
物語文編

岩崎 直哉 著

なぜ同じ発問がうまくいったり、いかなかったりするのか？その鍵は「組み立て方」にあります。本書では、発問で思考を動かし物語文の「読みどころ」に迫るための理論、定番9教材での発問の「組み立て」と授業展開の具体例を見やすく紹介。明日の国語授業を変える1冊！

Ａ５判　176 ページ／定価 2,046 円(10% 税込)
図書番号　3911

小学校国語授業
思考ツール活用大全

小林 康宏 著

クラゲチャート、フィッシュボーンから、心情曲線、分類チャートまで、国語授業で子どもが使える40の思考ツールと、その活用法を教科書教材を基にした具体的な授業例の中で紹介する1冊。「個別最適な学び」にも役立つ、最強の"考える武器"が手に入ります。

四六判　240 ページ／定価 2,376 円(10% 税込)
図書番号　3578

小学校国語
「書くこと」の授業づくり
パーフェクトガイド

小林 康宏 著

観察記録、報告文、意見文、プレゼンテーション、新聞…など教材別に、「書くこと」の授業づくりについて徹底解説。どの子も書けるようにするための様々な工夫を、思考ツールやワークシートを交えながら紹介しています。すぐに使える楽しい活動のアイデアも満載！

Ａ５判　184 ページ／定価 2,486 円(10% 税込)
図書番号　3418

明治図書　携帯・スマートフォンからは　**明治図書 ONLINEへ**　書籍の検索、注文ができます。▶▶▶

http://www.meijitosho.co.jp　＊ 併記4桁の図書番号（英数字）で、HP、携帯での検索・注文が簡単に行えます。

〒 114-0023　東京都北区滝野川 7-46-1　　ご注文窓口　TEL 03-5907-6668　FAX 050-3156-2790

小学校国語 物語文の授業技術大全

二瓶 弘行・青木 伸生 編著／国語"夢"塾 著

国語授業のスペシャリスト集団が、単元構想、発問、板書、教材・教具、音読、発表、話し合い、ノート、評価の9章構成で、物語文の授業に必須の授業技術を、具体的な事例に基づいて徹底解説。不朽の名作と真っ向勝負できる授業力が身につきます！

四六判 224ページ／定価 2,420円(10%税込)
図書番号 3021

小学校国語 説明文の授業技術大全

二瓶 弘行・青木 伸生 編著／国語"夢"塾 著

国語授業のスペシャリスト集団が、単元構想、発問、板書、教材・教具、音読、発表、話し合い、ノート、評価の9章構成で、説明文の授業に必須の授業技術を、具体的な事例に基づいて徹底解説。教材に左右されない本物の授業力が身につきます！

四六判 224ページ／定価 2,420円(10%税込)
図書番号 3022

小学校国語 「書くこと」の授業技術大全

二瓶 弘行 編著ほか

国語授業のスペシャリスト集団が、入門期の指導に始まり、手紙、日記、意見文、報告・提案文、物語や詩の創作、「読むこと」との複合単元まで、6年間の「書くこと」の授業に必須の授業技術を、具体的な事例に基づいて徹底解説。授業で役立つ様々なアイデアが満載です。

四六判 272ページ／定価 2,640円(10%税込)
図書番号 3882

小学校国語 「話すこと・聞くこと」の授業技術大全

二瓶 弘行 編著／国語"夢"塾 著

国語授業のスペシャリスト集団が、「話すこと・聞くこと」の授業に必須の技術を、具体的な事例に基づいて徹底解説。話すこと・聞くこと、話し合うことの言語活動例に沿い、低・中・高学年の発達段階に応じた工夫、アイデアを多数紹介しています。

四六判 208ページ／定価 2,266円(10%税込)
図書番号 3887

明治図書　携帯・スマートフォンからは **明治図書ONLINEへ**　書籍の検索、注文ができます。▶▶▶

http://www.meijitosho.co.jp　＊ 併記4桁の図書番号（英数字）で、HP、携帯での検索・注文が簡単に行えます。

〒114-0023　東京都北区滝野川7-46-1　ご注文窓口　TEL 03-5907-6668　FAX 050-3156-2790

小学校国語　物語文の発問大全

二瓶 弘行・青木 伸生 編著／国語"夢"塾 著

国語授業のスペシャリスト集団が、『おおきなかぶ』から『海の命』まで不朽の名作１１作品の授業づくりを、発問を切り口に紐解く意欲作。深い教材研究に基づく単元の中心発問から、発問で見る単元の見取図、詳細な授業展開例まで、３００ページを超える圧巻の内容です。

四六判／304ページ／2,640円（10％税込）／図書番号 3026

小学校国語　説明文の発問大全

二瓶 弘行・青木 伸生 編著／国語"夢"塾 著

国語授業のスペシャリスト集団が、超定番の教科書教材の授業づくりを、発問を切り口に紐解く意欲作。深い教材研究に基づく単元の中心課題から、発問で見る単元の見取図、詳細な授業展開例まで、３００ページを超える圧巻の内容です。

四六判／304ページ／2,640円（10％税込）／図書番号 3027

楽しく学んでしっかり身につく！
小学校国語　漢字の学習アイデア事典

二瓶 弘行 編著／国語"夢"塾 著

漢字ビンゴゲーム、漢字あてクイズ、漢字しりとり、画数リレー、〜そうな漢字選手権…などなど、楽しく学べて、しかもしっかり身につく漢字の学習のアイデアをたくさん集めました。単調になりがちな漢字の学習だからこそ、引き出しの多さがモノを言います！

Ａ５判／152ページ／1,980円（10％税込）／図書番号 2888

明治図書　携帯・スマートフォンからは **明治図書ONLINEへ**　書籍の検索、注文ができます。▶▶▶

http://www.meijitosho.co.jp　＊併記４桁の図書番号（英数字）で、HP、携帯での検索・注文が簡単に行えます。

〒114-0023　東京都北区滝野川7-46-1　ご注文窓口　TEL 03-5907-6668　FAX 050-3156-2790

5分の準備で、最高の45分を。

365日の全授業

購入者限定ダウンロード特典付！

板書&イラストでよくわかる 改訂
365日の全授業 小学校国語 4年上

河合啓志 編著
国語"夢"塾 協力

全単元・全時間
板書とイラストで、毎時間の授業がパッとつかめる！

授業の要所がわかる
本時メインの指示・発問を明示！

3大特典
①学校のイラスト素材1100点
②教科書対応の単元確認テスト
③+αの楽しい学習プリント
無料ダウンロード！

令和6年度版教科書対応

改訂 板書&イラストでよくわかる 国語

国語"夢"塾 協力
1〜6年【各上下巻】

定価 3,080〜3,300円（10%税込）
図書番号 4061-4066／4621-4626

板書&写真でよくわかる 社会

木村博一 他編著
3〜6年

定価 2,970円（10%税込）
図書番号 4263-4266

板書&イラストでよくわかる 算数

宮本博規 他編著
熊本市算数教育研究会 著
1〜6年【各上下巻】

定価 2,750〜2,860円（10%税込）
図書番号 4231-4236／4901-4906

学習カードでよくわかる 体育

関西体育授業研究会 著
1〜6年

定価 2,750円（10%税込）
図書番号 4751-4756

板書&イラストでよくわかる 外国語活動 外国語

菅 正隆 編著
3〜6年

定価 2,750円（10%税込）
図書番号 4393-4396

板書&イラストでよくわかる 道徳

田沼茂紀 編著
1・2年／3・4年／5・6年

定価 3,080円（10%税込）
図書番号 4241-4243

明治図書　携帯・スマートフォンからは **明治図書ONLINEへ**　書籍の検索、注文ができます。▶▶▶

http://www.meijitosho.co.jp　＊併記4桁の図書番号（英数字）でHP、携帯での検索・注文が簡単に行えます。

〒114-0023　東京都北区滝野川7-46-1　ご注文窓口　TEL 03-5907-6668　FAX 050-3156-2790